함께 생각하자 ❷

GMO
유전자 조작 식품은 안전할까?

초판 1쇄 발행 2017년 10월 20일 | **초판 5쇄 발행** 2022년 10월 17일

글 김훈기 | **그림** 서영

펴낸이 홍석 | **이사** 홍성우 | **편집부장** 이정은 | **편집** 김세영 · 박고은 · 조유진

디자인 권영은 | **외주 디자인** 나비 | **마케팅** 이송희 · 한유리 · 이민재 | **관리** 최우리 · 김정선 · 정원경 · 홍보람 · 조영행 · 김지혜

펴낸곳 도서출판 풀빛 | **등록** 1979년 3월 6일 제2021-000055호

주소 서울시 강서구 양천로 583 우림블루나인 A동 21층 2110호

전화 02-363-5995(영업) 02-362-8900(편집) | **팩스** 070-4275-0745 | **전자우편** kids@pulbit.co.kr

홈페이지 www.pulbit.co.kr | **블로그** blog.naver.com/pulbitbooks | **인스타그램** instagram.com/pulbitkids

ⓒ 김훈기, 서영 2017

ISBN 979-11-6172-031-9 74400
ISBN 979-11-6172-029-6 74080 (세트)

이 도서의 국립중앙도서관 출판시도서목록(CIP)은 서지정보유통지원시스템홈페이지(http://seoji.nl.go.kr)와
국가자료공동목록시스템(http://www.nl.go.kr/kolisnet)에서 이용하실 수 있습니다.(CIP제어번호: CIP2017024728)

* 잘못된 책이나 파본은 구입하신 곳에서 바꿔드립니다.

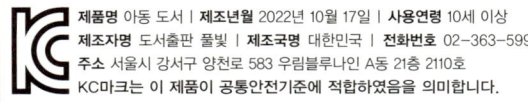
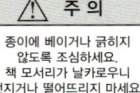

GMO

함께 생각하자

유전자 조작 식품은 안전할까?

김훈기 글 · 서영 그림

풀빛

차례

프롤로그 지엠오? GMO!

1. GMO가 뭘까요?
유전자가 조작 또는 변형된 생명체 12
방울토마토도 GMO? 13
GMO는 어디에서 재배될까요? 16
| GMO는 어떻게 우리에게 올까? 18 |

2. GMO를 왜 만들었을까요?
식량 문제와 GMO 22
동물 GMO도 있어요 25
질병을 예방하는 GMO 26
침묵하는 유전자 27
| GMO 시장 30 |

3. GMO의 진실
식량 생산은 정말 늘었을까요? 34
특허가 등록된 비싼 종자 36
황금쌀의 효과 39
기르는 데 비용이 많이 드는 슈퍼연어 42
오히려 떨어진 섬유 가격 44
이익은 누구에게로 45
| GMO는 인류에게 이로울까? 48 |

4. GMO는 안전할까요?

유전자 조작 VS 유전자 변형 52
안전성 검사는 어떻게 할까요? 54
세계가 깜짝 놀란 GMO의 위험성 57
GMO보다 더 위험한 글리포세이트 60
슈퍼잡초와 슈퍼버그 63
생태계를 오염시키는 GMO 66

안심할 수 없는 대한민국 68
동물 GMO는 더 위험해요! 70
허가받지 않은 불량 GMO를 먹을 수도 있어요 72
파란 카네이션, 까만 장미 75
GMO 유칼립투스가 만든 사막 78
| GMO는 정말로 안전할까? 80 |

5. GMO가 우리 집 식탁을 점령하고 있다!

GMO 수입 왕, 대한민국 84
우리가 이걸 다 먹는다고요? 87
떡볶이 속에 꽁꽁 숨은 GMO 90
식용유는 GMO 농산물 천지 92
사라진 이름표 94
GMO 표시를 하지 않아도 된다고요? 95
다른 나라에서는 GMO를 이렇게 표시한대요 100
| GMO를 수입하는 우리나라 102 |

6. 우리가 함께 힘을 모아야 해요

이제 대한민국도 GMO를 개발하는 나라예요 106
GMO의 안전성 검사는 오래오래 꼼꼼하게 109
소비자의 알 권리와 선택할 권리 111
나부터 시작해요 115
| 우리는 어떻게 해야 할까? 120 |

에필로그 이제 우리에게 알려 주세요!

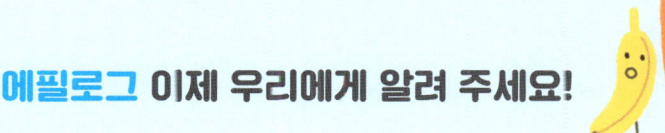

지엠오?
GMO!

    색종이로 바람개비를 만들어 본 적이 있나요? 가위로 색종이를 잘라 풀로 붙인 다음 기다란 대 위에 고정시키면 팔랑팔랑 바람개비를 만들 수 있어요. 가위와 풀만 있으면 원하는 모양대로 색종이를 잘라 왕관도 만들 수 있고, 집도 만들 수 있지요.

    가위로 잘라 만들 수 있는 게 또 뭐가 있을까요? 옷감을 잘라 옷을 만들 수도 있고, 우리 몸을 수술할 때 피부를 자를 수도 있겠네요. 피부를 자른다고 하니 덜컥 무서운 생각이 드나요? 놀랍게도 우리 몸에는 피부 말고도 자를 수 있는 게 꽤 있어요. 그중에서도 유전자를 자르고 붙여서 변형하는 것에 대해 이야기해 볼까 해요.

먼저 유전자가 무엇인지 살펴볼게요. 우리는 엄마, 아빠로부터 유전자를 물려받았어요. 얼굴 생김새는 물론 키나 몸무게, 심지어 땀을 많이 흘리는 체질도 엄마나 아빠에게 물려받은 유전자로 결정되지요. 이렇게 부모로부터 자식에게 물려지는 특징을 유전자라고 불러요.

유전자는 사람에게만 있는 것은 아니에요. 생명을 가진 모든 것들은 다 유전자가 있어요. 심지어 우리가 먹는 음식에도 유전자가 있어요. 식탁 위에 올라오는 음식들을 살펴볼까요?

쌀, 콩, 김, 고춧가루, 식용유 등 음식에 쓰인 재료도 모두 유전자가 있어요. 그런데 이 재료들의 대부분이 이미 유전자가 잘렸거나 곧 잘릴 거

라네요. 우리가 먹고 있는 음식들이 유전자가 잘리고 붙여진 것이라니 놀랍지 않나요?

농산물 중에는 이렇게 과학적 방법으로 유전자가 변형된 것들이 많아요. 우리는 이 사실을 모른 채 음식을 먹어 왔지요. 이처럼 생경 과학 기술로 변형해 만든 음식을 우리말로 지엠오라고 불러요. 영어로는 GMO라고 쓰고요.

GMO는 원래의 농산물을 변형시켰기 때문에 먹어도 몸에 해가 없는지 걱정돼요. 또한 주변의 밭이나 산, 들 같은 생태계에도 나쁜 영향을 미치지는 않을지 염려되기드 하고요.

우리나라는 GMO를 많이 수입하는 나라 가운데 하나예요. 그런데도 이 사실을 알고 있는 사람들은 많지 않아요. 지금까지 많이 먹어 왔고 앞으로도 많이 먹게 될 GMO 과연 정체가 무엇인지, 왜 건강과 생태계에 좋지 않은 영향을 미칠 것이라고 우려되는지, 그리고 GMO에 대해 어떻게 대처해야 할지 지금부터 하나씩 알아보아요.

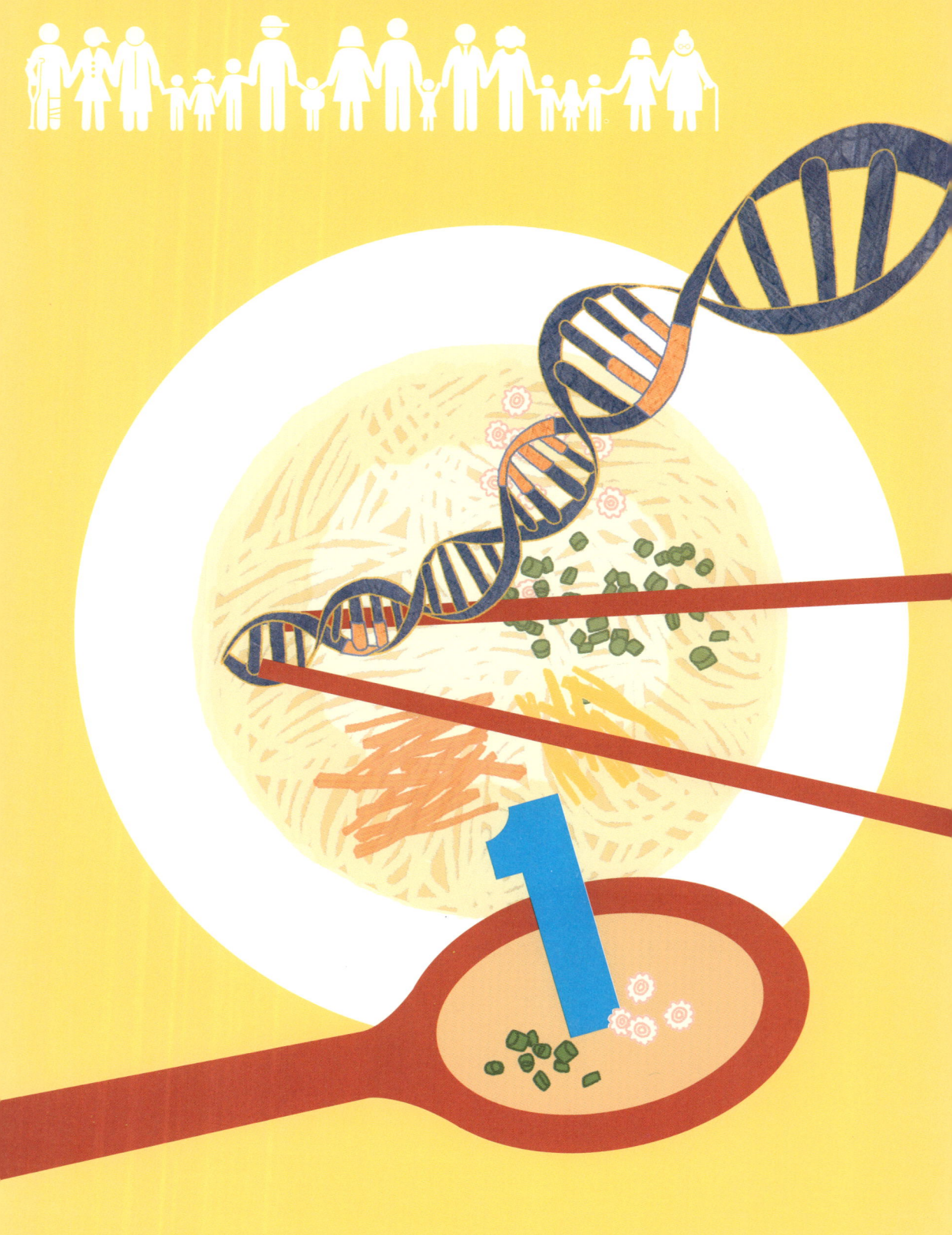

GMO가 뭘까요?

 ## 유전자가 조작 또는 변형된 생명체

GMO는 영어 'Genetically Modified Organism'의 첫 글자를 따서 만든 용어예요. Organism은 동물, 식물, 미생물 같은 생명체를 뜻해요. 물론 인간도 포함돼요. Modified는 변형됐다는 의미의 단어예요. 이 두 가지 단어를 합쳐서 풀이하면 '이전에 비해 무언가가 변형된 생명체'라는 뜻이에요. 그렇다면 무엇이 변형된 것일까요? 맨 앞 단어인 Genetically에 답이 있어요. 이 단어에 포함된 Gene, 바로 유전자예요.

다시 말해 GMO는 '이전에 비해 유전자가 변형 또는 조작된 생명체'라고 할 수 있어요. 어떤 생명체에 특정 기능을 하는 유전자를 인위적으로 넣어 만든 것이지요. 원래 갖고 있던 유전자 말고 다른 생명체의 유전자, 즉 외래 유전자를 넣은 생명체가 바로 GMO예요.

말로만 보면 마치 공상 과학 영화나 특수 실험실에서 등장하는 낯선 생명체처럼 느껴질 수 있어요. 하지만 우리 주변에는 생각보다 훨씬 많은 GMO가 있어요. 앞서 살펴본 음식들의 재료인 옥수수, 콩, 캐놀라(유채)와 옷감의 재료로 쓰이는 목화(면화) 등이 대표적이에요.

🍅 방울토마토도 GMO?

그렇다면 우리가 알고 있는 음식 가운데 GMO는 무엇이 있을까요? 과일 파는 곳에 가면 다양한 종류의 방울토마토를 볼 수 있어요. 대추 모양의 기다란 것도 있고, 노랗게 익은 것도 있지요. 이 방울토마토들은 GMO일까요?

GMO의 뜻 그대로 해석하면 모두 GMO예요. 원래 토마토는

방울만 한 크기가 아니었어요. 토마토의 크기를 결정하는 유전자가 변형돼서 방울만 한 토마토가 된 것이죠. 노란 방울토마토와 길쭉한 방울토마토 모두 유전자가 변형된 것이에요.

하지만 이들 모두는 GMO가 아니에요. 방울토마토를 살펴볼까요? 어느 날 토마토를 재배하던 농부가 우연히 방울만 한 크기의 토마토가 열린 것을 봤어요. 한입에 쏙 들어가는 토마토가 있으면 사람들이 좋아할 거라고 생각했지요. 그래서 농부는 우연히 발견된 방울만 한

토마토끼리 교배하기 시작했어요. 여러 차례 교배를 시도한 끝에 마침내 농부는 진짜 방울토마토를 개발하는 데 성공했지요.

이런 과정을 전통 육종이라고 불러요. 현재 우리가 볼 수 있는 모든 농산물은 인류가 오랫동안 육종을 통해 개량해 온 결과물이에요.

그런데 전통 육종은 같은 종(種)끼리만 가능해요. 생물학에서 종이란 교배가 가능한 무리를 가리켜요. 가령 인간은 한국인이든 외국인이든 모두 같은 종에 속해요. 하지만 원숭이와는 종이 달라요. 토마토 역시 크기가 방울만 하든 사과만 하든 같은 종에 속해요. 즉 전통 육종은 자연에서 얼마든지 벌어질 수 있는 교배 현상이지요.

GMO는 전통 육종과는 달리 교배가 불가능한 서로 다른 종의 유전자를 넣어 변형시킨 거예요. 가령 배추에 존재하는 유전자를 넣은 토마토가 바로 GMO인 것이지요. 이렇게 유전자 변형을 통해 만들어진, 자연 상태에서는 절대로 생겨날 수 없는 생명체가 GMO예요.

유전자를 변형시켜 만든 음식이라고 하니 마치 프랑켄슈타인처럼 괴상한 모양이 상상되나요? 실제로 외국에서는 GMO를 '프랑켄슈타인 음식'이라고 부르는 일이 많아요. 얼핏 생각하면 GMO를 괴상한 이미지로 떠올릴 수 있게 만든 말이에요.

하지만 GMO는 그런 괴상한 모습의 생명체가 아니에요. GMO 콩은 자연산 콩의 모습과 똑같아요. 영양 성분이나 맛도 거의 동일하고요. 따라서 제아무리 전문가라고 해도 겉모습만으로 GMO인지 아닌지 알 수 없어요. 농산물의 유전자를 검사하는 실험을 통해서만 콩이 GMO인지 아닌지 정체를 알 수 있지요.

GMO는 어디에서 재배될까요?

나라별로 보면 GMO를 자기 땅에서 재배하는 나라와 수입하는 나라가 있어요. 2015년 기준으로 GMO를 재배하는 나라는 모두 28개국이에요. 많아 보일 수 있지만, 실제로는 몇 개 나라가 대부분을 재배하고 있어요. 세계에서 GMO를 가장 많이 재배하는 나라는 미국이에요. 전 세계 GMO 재배 면적 중 40%를 미국이 차지하죠. 그 뒤로 브라질, 아르헨티나, 인도, 캐나다 등이 있어요. 이 가운데 미국, 브라질, 아르헨티나 등 주요 3개국이 전체 GMO 재배 면적의 80%를 차지해요.

우리나라는 GMO 수입국이에요. 하지만 GMO 종자를 개발하기도 해요. 2011년 이후 최근까지 전국 27군데에서 GMO를 재배해 왔는데요. 정부의 최종 허가를 받기 전에 시험적으로 재배해 보는 단계라는 의미에서 시험 재배라고 불러요.

시험 재배 장소는 우리 눈에 잘 보이지 않아요. 과학 연구소나 대학교 안에 별도로 떨어진 지역에 있기 때문이에요. 시험 재배가 끝나고 정부의 허가를 받으면, 그때부터 우리 땅에서 GMO가 재배되는 것이지요.

어쩌면 몇 년 안에 우리나라는 GMO를 재배하는 나라 중 하나가 될지도 몰라요. 여러분도 마음만 먹으면 얼마든지 GMO를 재배할 수 있고요. GMO를 내 손으로 재배할 수 있다니 신기하지 않나요? 그런데 이렇게 쉽게 GMO를 재배해도 괜찮을까요?

GMO는 어떻게 우리에게 올까?

GMO를 왜 만들었을까요?

2

# 식량 문제와 GMO

우리도 모르는 사이에 GMO는 이미 우리 곁에 다가와 있어요. 음식으로 먹기도 하고, 옷으로 입기도 하죠. 그런데 사람들은 왜 GMO를 만들었을까요? GMO가 없어도 큰 문제 없이 살았는데 말이죠.

GMO를 만든 사람들은 과학자예요. 과학자들은 주로 다국적 기업의 연구소에서 GMO를 만들어 왔어요. 다국적 기업은 세계 각국에 여러 개의 회사나 생산 공장을 보유하고 있는 규모가 큰 기업을 의미해요. GMO를 개발하고 있는 대표적인 다국적 기업으로 몬산토, 신젠타, 듀폰, 바이엘 등이 있지요.

이들이 GMO 개발을 주장하면서 내세운 가장 큰 이유는 식량 문제의 해결이었어요. 폭발적으로

늘어나는 인구의 수에 비해 식량은 턱없이 부족하니 식량 생산을 크게 늘려야 한다고 주장한 거예요.

GMO가 어떻게 식량 문제를 해결할 수 있을까요? 농산물을 재배할 때 생산량을 떨어뜨리는 것들이 있어요. 갑작스러운 기후 변화나 자연재해, 잡초, 해충들이에요. 과학자들은 그중 잡초나 해충의 피해를 줄여 농산물의 생산량을 늘리려고 했어요.

예를 들어 설명해 볼게요. 콩을 수확할 때 잡초가 뒤섞여 있으면 제대로 골라내기 어려워요. 이때 제초제를 뿌리면 잡초는 죽기 때문에 콩만 골라내기가 쉬워요. 하지만 제초제에 콩도 함께 죽을 수 있어요. 콩에는 해를 끼치지 않고 잡초만 죽이는 선택적 농약이 있지만, 많은 양을 뿌려야 해요. 이 문제를 해결하기 위해 제초제를 뿌릴 때 콩은 살리고 잡초만 없애도록 개발된 것이 GMO예요.

만드는 과정은요, 먼저 미생물 중에는 제초제 성분을 분해할 수 있는 미생물이 있

어요. 이 미생물에서 제초제 성분을 분해하는 기능을 가진 유전자를 골라내요. 이 유전자를 콩 종자의 유전자에 집어넣으면 이 콩은 제초제를 뿌려도 죽지 않을 거예요. 주변의 무성한 잡초만 없앨 수 있는 것이죠. 이론대로라면 제초제를 조금만 뿌려도 콩의 수확량은 늘어날 거예요.

두 번째 골칫거리는 벌레가 콩잎을 갉아 먹는 일이에요. 미생물 가운데에는 벌레의 소화 기관을 마비시켜 굶어 죽게 만드는 유전자를 가진 종류가 있어요. 미생물에서 이 유전자를 골라내 콩 종자의 유전자에 집어넣으면, 벌레가 콩잎을 갉아 먹다가 죽어 버리겠죠. 그러면 콩의 수확량은 늘어날 거예요.

최근까지 알려진 바로는, 세계적으로 가장 많은 GMO는 바로 제초제에 견디는 종류예요. 전체 GMO의 57%를 차지하지요. 벌레 잡는 살충성 GMO는 15% 정도이고요. 나머지는 이 두 가지 기능을 함께 갖춘 GMO가 대부분이에요.

물론 이 밖에 다양한 기능을 가진 GMO도 만들어지고 있어요. 세계적인 기후 변화 문제에 대비하기 위한 GMO도 개발되고 있고요. 또 바이러스에 감염되지 않도록 개발된 GMO도 있어요. 하지만 최근까지 이런 다양한 기능의 GMO는 전체 GMO의 1%에 미치지 못한다고 하네요.

동물 GMO도 있어요

 농산물 외에 동물 GMO도 만들어졌어요. 바로 슈퍼연어예요. 슈퍼연어는 보통의 연어보다 두 배 빨리 자라요. 슈퍼연어 역시 식량 문제를 해결하기 위해 개발됐지요. 이 연어는 1989년 미국과 캐나다의 합작 회사인 아쿠아바운티가 만들었어요. 대서양연어의 성장을 촉진하기 위해 왕연어의 성장 호르몬 유전자를 넣었지요. 그런데 이 유전자가 작동하려면 앞부분에 '작동을 시작하라.'라고 명령을 내리는 프로모터가 필요해요.

프로모터는 바다뱀장어에서 얻었는데, 영하 온도에서도 작동되기 때문에 슈퍼연어의 몸에서는 1년 내내 성장 호르몬이 생산된다고 해요. 보통 연어는 겨울에 성장 호르몬이 생산되지 않거든요. 그래서 슈퍼연어의 성장 속도는 보통 연어에 비해 두 배나 빨라요.

연어가 시장에 내놓을 정도의 크기로 자라려면 보통 3년이 걸리는데 슈퍼연어는 1년 반이면 충분하다고 해요. 최근에 미국과 캐나다는 이 슈퍼연어를 시장에서 팔 수 있도록 허가를 내렸고, 이미 캐나다에서는 팔리고 있어요.

 ## 질병을 예방하는 GMO

식량 문제 외에 질병 예방 효과를 낼 수 있는 GMO도 연구되고 있어요. 황금쌀이 대표 사례예요. 황금쌀은 베타카로틴이라는 물질을 만들어 내는 유전자를 넣은 쌀이에요. 베타카로틴은 우리 몸에서 비타민A로 바뀌어요.

비타민A는 우리 몸에 꼭 필요한 영양 성분이에요. 비타민A

가 없으면 어두운 곳에서 잘 보이지 않는 야맹증이나 각막이 건조해지는 질병에 걸려요. 병이 심해지면 실명에 이를 수도 있지요. 뿐만 아니라 몸에 있는 점막이 손상되어 여러 가지 세균에 감염될 가능성도 커져요. 이로 인해 목숨을 잃을 수도 있고요.

우리는 보통 채소를 먹으면서 베타카로틴을 얻는데, 황금쌀은 밥을 먹으면서 비타민A도 섭취할 수 있게 만든 음식이에요. 황금쌀을 개발한 회사는 대략 밥 한 공기 분량인 100~150g의 황금쌀을 먹으면 하루에 섭취해야 할 비타민A의 60%를 충당할 수 있다고 주장해요. 뿐만 아니라 아시아나 아프리카에서 기아와 비타민A 부족으로 고통받는 사람들에게 황금쌀이 훌륭한 대안이 될 수 있다고도 하지요.

 ## 침묵하는 유전자

GMO는 소비자가 원하는 기능을 하도록 개발되기도 하고, 이와 달리 첨단 기법으로 유전자를 변형하기도 해요. 바로 잘랐을

때 색깔이 갈색으로 변하지 않는 사과와, 기름에 튀겼을 때 암을 일으키는 물질, 즉 발암 물질이 적게 나오는 감자예요.

사과와 감자는 기존의 콩이나 옥수수와 달리 새로운 기술로 개발되었어요. 최근까지 GMO는 주로 미생물이 갖고 있는 특정 기능의 유전자를 넣어 만들었어요. 이에 비해 사과와 감자는 특정 기능을 넣은 것이 아니라 없앴어요.

사과를 잘랐을 때 갈색으로 변하는 이유는 사과에 어떤 단백질(효소)이 있기 때문인데요. GMO 개발 회사는 이 효소를 만드는 데 중요한 역할을 하는 유전자가 작동하지 못하도록 변형

시켰어요.

　여기에 동원된 기술을 '유전자 침묵 기술'이라고 불러요. 특정한 유전자가 작동하지 못하게 침묵하도록 만든다는 뜻이지요. 감자 역시 기름에 튀겨 요리할 때 발암 물질이 만들어지지 않도록 유전자를 침묵시켜 변형한 거예요.

　유전자 침묵 기술은 GMO의 새로운 길을 열었다고 평가받기도 해요. 이전과 달리 외래 유전자를 넣지 않고도 변형시킬 수 있어서 훨씬 안전해 보이기 때문이지요. 하지만 사과와 감자가 원래 갖고 있던 다른 유전자도 침묵시킬 수 있어 많은 우려를 낳고 있어요.

　지금까지 다양한 GMO에 대해 알아보았어요. 다국적 기업은 식량 문제나 질병 예방 등 인류가 겪고 있는 문제들을 해결하겠다고 이렇게 많은 GMO를 만들었어요. 그런데 여기서 우리가 고민해 보아야 할 것은 실제로 GMO가 우리의 삶을 나아지게 했는지예요. GMO가 만들어진 다음부터 인류의 식량 문제가 해결되었는지, 질병은 예방되고 있는지 날카롭게 따져 봐야 하는 것이지요. 어떤가요? GMO는 정말 인류를 행복하게 만들어 주었나요?

GMO 시장

GMO의 진실

3

식량 생산은 정말 늘었을까요?

지금까지 GMO가 무엇인지, GMO를 만든 목적이 무엇인지 알아보았어요. 그런데 GMO는 과연 원래 목표를 달성했을까요? 안타깝게도 정확히 알기 어려워요. 오히려 현재까지 상황을 보면 목표와 멀어지고 있는 것 같아요. 한 가지씩 예를 들어 볼게요.

먼저 제초제에 견디고 해충을 잡는 기능이 있는 GMO를 보죠. 이 GMO는 식량 생산을 늘리기 위해 개발되었어요. GMO 개발 회사는 생산량이 늘어나니 농부들이 당장 큰돈을 벌 수 있다고 주장했지요. 그러면서 그동안 심었던 종자 대신 GMO 종자로 바꾸라고 설득했어요.

하지만 실제로 농부에게 얼마나 많은 혜택이 주어졌는지 명확하지 않아요. 지난 20여 년간 농작물 생산량을 비교해 보니, GMO 재배가 활발한 미국과 캐나다의 생산량이 GMO를 수입하는 독일이나 프랑스 등 서유럽 국가보다 별로 늘지 않았거든요. 같은 면적에서 생산된 옥수수의 양이 어느 나라에서든 20년 전이나 지금이나 비슷하다는 것이죠. 예측대로라면 미국과 캐나다에서 두 배 이상 많이 생산돼야 했는데 말이에요.

최근 들어 세계의 많은 학자들은 GMO가 식량을 얼마나 늘릴 수 있는지, 인류에게 희망적인지 알 수 없다는 데 뜻을 모으고 있어요. 왜 그런지 이유를 낱낱이 파헤쳐 보죠.

 ## 특허가 등록된 비싼 종자

GMO로 개발된 모든 종자에는 특허가 등록돼 있어요. 특허의 소유권은 GMO를 개발한 다국적 기업이 가지고요. 농부들은 다국적 기업으로부터 종자를 구입하면서 별도로 사용료를 내지요. 그런데 좀 이상하지 않나요? 농산물의 종자는 자연에서 얻어진 것인데, 사용료를 내고 사야 한다니 말이에요.

사실 GMO로 개발된 종자는 보통 종자보다 비싸요. GMO 하나를 만드는 데 돈이 얼마나 드는지 아세요? 무려 천억 원 이상이에요. 다국적 기업이 이렇게 큰돈을 들여 만든 GMO 종자가 보통 종자보다 쌀 리가 없죠. 실제로 미국에서는 GMO 종자 가격이 보통 종자보다 1.5배나 비싸다고 해요.

더군다나 종자의 사용은 1회로 한정되어 있어요. 즉 농부들이 종자를 뿌려 수확한 후, 자신의 농산물에서 종자를 얻어 사용할 수 없다는 말이지요. 수확을 마친 후에는 매번 GMO 개발 회사로부터 다시 종자를 구입해야 해요. 만약 이를 어기면 손해 배상을 해야 하고요. 자신이 기른 농산물에서 직접 종자를 얻고 이듬해에 이 종자를 다시 뿌리는 전통적인 농사 방법과 큰 차이가 있어요.

게다가 농부들은 종자를 산 회사에서 제초제도 사야 해요. 다른 회사의 제초제를 뿌리면 GMO 종자는 죽어 버리거든요. GMO 종자와 농약의 가격은 GMO 개발 회사가 결정해요. 그러니 결국 농부들은 GMO 개발 회사로부터 종자를 구입한 이후부터는 계속해서 의존할 수밖에 없어요. 이런 상황에 대해 걱정하는 목소리도 속속 들려오고 있지요.

그럼에도 GMO 개발 회사들은 여전히 농부들이 이전보다 많은 농산물을 수확할 수 있기 때문에 결국에는 농부들의 이익이 훨씬 더 많아질 거라고 주장하고 있어요. 하지만 농산물의 양이 실제로 많아지지 않았다는 보고는 그동안 많이 나왔어요. 게다가 최근에는 GMO는 결국 GMO를 개발한 회사에만 이익을 가져다준다는 주장도 나오고 있지요.

GMO는 과연 누구의 이익을 위해 만들어진 것일까요? GMO 개발 회사만 이익을 보게 된다는 주장이 설득력 있게 들리지는 않나요?

황금쌀의 효과

또 다른 예인 황금쌀은 어떨까요? 최근까지 필리핀에서는 국제쌀연구소와 필리핀쌀연구소의 지원 아래 황금쌀에 대한 시험 재배가 진행됐어요. 필리핀 정부는 국민의 상당수가 식량 부족은 물론 비타민A 결핍증에 시달리고 있는 문제를 해결하기 위해 황금쌀을 적극 개발해 왔지요.

실제로 황금쌀 지지자들은 비타민A의 결핍으로 인해 질병을 앓고 있는 아이들을 내세워요. 예를 들어 현재 2억 5천만 명의 미취학 아동에게 비타민A가 결핍돼 있고, 이들 중 25만~50만 명이 매년 시력을 잃고 있으며, 이들의 절반은 시력을 잃은 지 12개월 안에 설사병이나 홍역으로 목숨을 잃는다는 세계보건기구의 통계를 보여 주지요.

하지만 필리핀 내에서 반대 의견이 끊임없이 나왔어요. 황금쌀 자체가 위험한지는 빼놓고 생각하더라도, 당장 필리핀 농가에 큰 타격을 줄 수 있기 때문이에요. 황금쌀을 대규모로 재배하면 그동안 쌀과 각종 채소를 생산해 오던 지역 농민들의 터전이 사라질 수밖에 없거든요. 황금쌀의 종자가 인근 전통 농가로 옮겨 가는 오염 사고가 발생할 수도 있고요. 또한 종자 특허권을 GMO 개발 회사가 갖는다면 황금쌀의 혜택도 결국 다국적 기업에게 돌아갈 거예요.

  이보다 근본적인 문제도 있어요. 여러 대안을 통해 비타민A 결핍증을 해결해 나갈 수 있는데 굳이 황금쌀을 고집할 필요가 있냐는 것이에요. 실제로 황금쌀을 대신할 수 있는 방법으로 필리핀의 전통 채소 시장을 더 키워 나가자는 의견이 나왔지요.

  비타민A는 과일과 채소의 붉은색, 녹황색, 노란색, 오렌지색 등을 내는 색소에 많이 포함돼 있어요. 열대 지역에 속하는 필리핀에는 이런 과일과 채소가 풍부하게 자라요. 그래서 필리핀 농민들은 굳이 황금쌀을 고집하지 말고, 대신 전통 채소를 많이 팔고 먹게 하자고 주장했던 거고요.

  하지만 필리핀 정부는 황금쌀을 반대하는 사람들의 목소리를 듣지 않았어요. 마침내 2013년 8월에는 이 같은 우려들이

우리도 충분히 영양가가 많은데….

황금쌀이 병을 예방한다 이거지?

GMO 황금쌀

한꺼번에 터져 나와 큰 사건이 벌어졌어요. 국제쌀연구소가 관리하는 시험 재배지에 필리핀 농민들이 모여 항의 시위를 벌이면서 황금쌀 품목을 뿌리째 뽑아 버렸어요. 반대 의지를 격렬하게 표현한 것이죠.

그런데 황금쌀에 대한 연구가 시작된 시기는 이미 20년 전인데, 아직도 필리핀 정부로부터 허가를 받지 못했어요. 왜 그럴까요? 농민들이 반대하기 때문일까요? 그렇지 않아요. 정부의 허가는 법적 절차에 따라 이뤄지기 때문에 누가 반대한다고 해서 결정이 달라지지 않거든요.

그 이유로는 먼저 황금쌀을 재배했을 때 농민이 이익을 볼 수 있는지 아직 증명되지 않았다고 해요. 또한 황금쌀에 비타민A가 충분히 들어 있는지, 오래 보관하거나 조리할 때 비타민A가 잘 보존되는지 불확실하고요.

소비자가 보는 혜택도 명확하지 않아요. 사람이 황금쌀을 섭취했을 때 실제로 건강에 도움이 되는지 분명하지 않다는 것이지요. 사실 황금쌀은 의약품이 아니잖아요? 굳이 표현하자면 기능성 식품에 속하지요.

영양가 있는 음식을 먹을 때 일반적으로 건강에 좋을 것이라고 기대할 수는 있겠지만 구체적으로 어떤 질병을 막는 데 도

움을 줄 것이라고 장담하기는 어려워요. 그렇기 때문에 황금쌀의 효과를 충분히 밝히기 어렵지요. 이래도 황금쌀을 계속 개발해야 할까요?

기르는 데 비용이 많이 드는 슈퍼연어

GMO 개발 회사에 따르면 슈퍼연어는 단지 빨리 자랄 뿐 맛이나 영양가 면에서 기존의 연어와 다를 바가 없다고 해요. 연어를 양식하는 사람들은 솔깃할 수 있어요. 보통 연어에 비해 단기간에 팔 수 있으니까 말이에요. 그러나 양식업계에 별다른 이익이 되지 않는다는 주장도 있어요. 이유를 찾아볼까요?

먼저 사료 가격이 문제예요. 일반적으로 연어를 양식장에서 기를 때 드는 비용에서 사료비가 차지하는 비중은 절반 정도 돼요. 그런데 연어가 두 배 빨리 자라려면 그만큼 많은 사료를 먹어야 해요. 보통 연어에 비해 사룟값이 훨씬 많이 드는 셈이지요. 결국 슈퍼연어를 기르는 시간은 짧아지는 대신 사룟값은 더 많이 드니 양식업계는 기대만큼의 이익을 얻기 어려워요.

특허로 인해 값이 비싸진다는 점도 문제예요. 슈퍼연어의 알은 GMO로 개발된 농산물 종자처럼 보통 연어에 비해 비싸요. 게다가 슈퍼연어의 알도 사용 횟수가 1회로 제한되어 있지요. 양식업자가 직접 슈퍼연어를 교배해서 새끼를 얻을 수 없다는 뜻이에요.

사실 슈퍼연어 GMO 개발 회사는 아예 새끼를 낳을 수 없도록 만들었어요. 기업 입장에서는 슈퍼연어 알을 많이 팔아야 개발하기까지 들어간 비용을 얻을 수 있고 이윤도 많이 남길 수 있기 때문이에요.

슈퍼연어를 기르는 데 필요한 시설 비용도 만만치 않아요. 태풍이라도 닥치면 슈퍼연어가 양식장을 탈출해 바다로 나갈 수 있기 때문에 GMO 개발 회사는 바닷가가 아닌 육지에 특수하게 제작된 밀폐 탱크를 설치했어요. 바다에 양식장을 만드는 것도 상당한 비용이 드는데, 육지에 특수한 탱크를 만들었으니 더 큰 비용이 들겠지요.

벌써 한쪽에선 비용 문제 때문에 앞으로 얼마나 많

은 슈퍼연어가 길러질 수 있을지에 대한 의문이 나오고 있어요. GMO 개발 회사의 목표는 이전보다 손쉽게 대량으로 GMO를 공급하는 것이니까요.

한편 중국에서는 2000년대 초반부터 빨리 자라는 잉어를 개발하는 일에 한창이에요. 연어에 이어 조만간 '슈퍼'라는 말이 붙은 잉어, 송어, 메기, 미꾸라지 등 다양한 종류의 물고기가 나올 거예요. 그동안에는 물고기를 흔히 자연산과 양식으로 구분해 놓지만 앞으로는 GMO와 non-GMO로 구분하는 날이 올지도 몰라요.

 ## 오히려 떨어진 섬유 가격

GMO가 생산자에게 도움이 되지 않는다는 사례는 최근까지 계속 나오고 있어요. 2016년 4월 서부 아프리카에 위치한 국가인 부르키나파소에서는 몬산토가 개발한 목화 때문에 손해를 입고 있다고 주장했어요.

부르키나파소는 2009년부터 목화 생산량을 늘리기 위해 벌레를 없애도록 개발된 GMO 목화 종자를 심었어요. 그런데 GMO 목화에서 뽑아낸 섬유의 가격이 오히려 떨어졌지요.

원래 목화에서 뽑아낸 섬유는 길이가 길수록 좋은 옷감으로 쓰이기 때문에 가격이 비싸져요. 하지만 GMO 목화는 원래 섬유보다 길이가 짧아진 바람에 제값을 못 받게 되었어요. 목화 생산량의 증가로 경제적 이익을 기대했지만, 품질이 나쁜 섬유가 생산돼 오히려 손해를 입은 것이죠.

몬산토는 생산량이 증가한 것은 사실이며 품질은 종자의 문제가 아니라 다른 이유 때문이라고 맞서고 있어요. 목화를 재배하는 농부들과 몬산토 사이에서 논란이 계속되고 있지만 결국 어떤 결론이 나올지 알 수 없는 상황이에요.

이익은 누구에게로

지금까지 살펴본 바로는 GMO 농산물이 인류에 도움이 되는지 확실하지 않아요. GMO 농산물을 생산하는 농부들에게는 오히려 피해를 주는 것으로 밝혀졌지요. 전통적인 농사 방법 대신 GMO 종자를 구입하게 되면서 더 많은 비용을 쓰게 되었거든요. 게다가 이전 농사 방법에 비해 생산량이 크게 늘었다고 볼 수도 없어요. 결국 농부들은 큰 이익도 없이 GMO 개발 회사에 얽매인 채 농사를 짓게 된 셈이에요.

반면 특허권을 가진 GMO 개발 회사들은 종자와 농약을 팔아 전에 없는 큰 이익을 거두고 있어요. 농부들이 피해를 보고 있는 상황에 대해서는 모른 체하거나 오히려 농부들에게 잘못을 떠넘기고 있고요.

GMO 농산물의 효고는 어떤가요? 황금쌀의 효능에 대한 연구는 아직도 끝나지 않았어요. 황금쌀이 처음 선보인 지 20년이 다 되어 가지만, 아직까지 개발에 성공하지 못했지요. 비타민A처럼 사람 몸에 좋은 영양 성분을 충분히 갖춘 GMO는 현재 기술로는 만들기가 굉장히 어려워요. 그런데도 마치 황금쌀이 인류의 식량 문제와 비타민A 결핍증을 쉽게 해결해 줄 수 있는 것처럼 알려지면 안 되겠죠?

이렇다 보니 소비자는 GMO가 없던 시절에 비해 음식을 먹으면서 뭐가 더 좋아지게 된 것인지 알 수 없어요. 음식의 질이 더 좋아진 것도 아니고, 가격이 더 낮아진 것도 아니니까 말이죠.

지금까지의 상황을 보면 인류는 발달된 과학 기술 때문에 오히려 피해를 보고 있는지도 모르겠어요. 비용은 이전보다 많이 들지만 상황이 결코 나아졌다고 볼 수 없거든요. 이제부터는 과학 기술이 무조건 우리에게 이익만 줄 것이라고 생각하지 말고, 하나하나 따져 보아야 해요. 이익을 줄 수도 있지만 다른 한편으로는 해를 끼칠 수도 있기 때문이에요. 따라서 새로운 과학 기술이 나타나면 곧바로 음식이나 일상생활에 적용하려 하기 전에 앞으로 무슨 일이 생길 수 있는지 신중하게 판단을 해야 해요.

GMO는 인류에게 이로울까?

GMO는 인간에게 크게 이롭다고 보기 힘들어. 그런데도 유전자 조작은 계속 진행되고 있지. 과학 기술의 발전이 정말 인간에게 이롭기만 할까?

GMO는 안전할까요?

 유전자 조작 VS 유전자 변형

GMO는 온갖 가공식품의 재료로 쓰이고 있고, 우리는 이미 엄청난 양의 GMO를 먹고 있어요. 그렇다면 GMO는 당연히 안전한 것이어야 하겠죠? 하지만 안타깝게도 지난 20년간 GMO가 안전한지, 위험한지 논란이 끊이지 않고 있어요. 가까운 예로 GMO에 대한 우리말 표현이 크게 대비되고 있어요. 정부와 GMO를 개발하는 회사, 그리고 GMO를 수입해서 가공식품을 만드는 회사들은 주로 '유전자 변형 생물체' 또는 '유전자 재조합 생명체'라고 불러요. '변형'이나 '재조합'이라는 말은 다소 과학적으로 들리죠?

이에 비해 GMO에 반대하는 소비자나 시민 단체는 '유전자 조작 생물체'라고 불러요. '조작'은 어떤 음모나 나쁜 의도가 담겨 있는 것처럼 느껴져요. 이처럼 서로 반대되는 입장이 드러난 이유는 안전성 문제 때문이에요.

먼저 과학자들에게 익숙하지만 우리에게는 낯선 사실 하나를 설명하고 넘어갈게요. 바로 같은 연구에 대해 서로 반대되는 결론이 나오는 일이 흔하다는 점이에요. 사실 당연한 일이에요. 과학 연구는 최대한 객관적으로 하지만 연구자가 어떤 방법을 사용하고 어떻게 해석하느냐에 따라 여러 개의 결론이 나올 수 있거든요.

문제는 이 때문에 사람들이 혼란을 겪을 수밖에 없다는 사실이죠. 어느 입장이 옳은지 비전문가는 판단하기 어렵거든요. GMO의 안전성을 둘러싼 논란에서도 마찬가지 상황이 벌어지고 있어요.

같은 주제에 대해 결론이 다르게 나타나는 이유는 무엇일까요? 연구하는 데 드는 돈, 즉 연구비를 어디서 받느냐가 한 가지 원인이라고 해요. 물론 신념을 갖고 열심히 연구하는 과학자들도 많지만요.

연구비를 GMO 개발 회사로부터 받는 경우 대체로 안전성에 문제가 없다는 결론이 나온다고 해요. 이에 비해 국가나 공공 기관에서 지원받은 연구에서는 다소 부정적인 결론이 나오고요. 결국 소비자들은 GMO의 안전성에 대해 확실한 답을 얻을 수 없는 거죠. GMO를 먹는 우리 입장에서는 확실한 답을 얻고 싶지만, 이런 현실 때문에 소비자 스스로 판단할 수밖에 없는 거예요.

안전성 검사는 어떻게 할까요?

세계 여러 나라에서는 정부가 GMO를 먹어도 괜찮은지 과학적으로 판단한 후 재배나 수입을 결정해요. 여기서 과학적 판단의 기준은 크게 두 가지예요. 첫째, 원래의 자연산 농산물과 GMO로 개발된 농산물이 겉모습이나 영양 성분에서 차이가 있는지 없는지를 확인해요. 둘째, 인체와 생태계에 미치는 영향, 즉 안전성에 문제가 없는지 확인하고요.

GMO 개발 회사는 다양한 실험을 해서 두 가지에 문제가 없다는 사실을 보여 줘야 해요. GMO 개발 회사가 실험 결과를 보내 오면, 우리나라에서는 정부가 구성한 전문가들이 9개월간 실험 결과를 심사해요. 그동안 우리가 먹어 온 GMO는 이렇듯 전문가들이 안전성을 확인한 것들이긴 해요.

이제 소비자가 가장 크게 관심을 갖는 문제, 즉 GMO를 먹었을 때 우리 건강에 어떤 영향을 미치는지 살펴볼까요?

현재까지 우리가 먹어 온 GMO에는 주로 미생물의 유전자가 포함돼 있어요. 물론 GMO 개발 회사는 콩이나 옥수수에 삽입된 이 외래 유전자가 사람의 몸에 아무런 해가 없다고 주장해 왔지요. GMO에 포함된 외래 유전자와 단백질은 인간이 먹어도 아무런 해가 없으며, 그나마 몸에서 거의 분해되기 때문에 영향을 미치지 않는다는 거예요.

이에 대해 GMO를 반대하는 사람들은 GMO 개발 회사 측에서 보여 준 과학적 근거에 한계가 많다고 주장해요. 그래서 좀 더 연구를 많이 해 보고 먹을지 말지를 결정해야 한다고 주장

하지요. 외래 유전자가 기존의 콩이나 옥수수의 유전자에 어떤 변화를 줄지, GMO로 개발된 콩이나 옥수수를 인간이 오랫동안 먹을 경우 그 세대와 다음 세대의 건강에 어떤 영향을 미칠지 장기적으로 관찰할 필요가 있다는 것이죠.

그러나 반대하는 입장을 과학적으로 증명하기는 쉽지 않아요. GMO를 먹어서 우리 몸에 질병이 생긴다는 점을 증명하기는 정말 어렵거든요. 우리 몸에 병이 생겼다고 해도 병이 발생한 이유는 음식 외에도 환경 오염, 정신적 스트레스, 나쁜 생활 습관 등 매우 다양해드. 눈에 보이지도 않는 외래 유전자 때문에 병이 생겼다고 증명하기가 너무 어렵다는 뜻이지요.

 ## 세계가 깜짝 놀란 GMO의 위험성

그럼에도 외국에서는 GMO가 위험하다고 주장하는 연구가 꾸준히 진행돼 왔어요. 이 가운데 가장 크게 세계적인 논란을 일으킨 연구 결과를 살펴볼게요.

2012년 9월 프랑스의 한 연구진이 GMO가 몸에 굉장히 안

좋을 수 있다는 연구 결과를 발표했어요. 연구진은 몬산토가 개발한 GMO 옥수수와 이 옥수수를 재배할 때 뿌리는 제초제를 실험동물인 쥐에게 먹이면서 몸에 이상이 없는지 관찰했어요. 사람이 먹어도 괜찮은 것인지 알기 위해 일단 실험동물에게 먹여 본 것이지요.

이 옥수수는 이미 세계 각국에서 안전성 승인을 받아 소비되고 있는 품목이었어요. 우리나라도 2002년 수입이 허용됐고요. 연구진은 실험 결과 이 옥수수와 제초제를 먹인 쥐가 보통의 사료를 먹인 쥐에 비해 종양(혹)이 2~3배 많이 발생했다고 발표했어요. 충격적인 얘기였죠.

물론 모든 종양이 몸에 나쁜 것은 아니에요. 종양은 몸에 치명적이지 않은 양성 종양과, 무서운 암을 일으키는 악성 종양이 있어요. 프랑스 연구진은 쥐에게 많이 생긴 종양이 양성인지 악성인지까지는 밝히지 못했어요. 대신 쥐의 간과 신장에 이상이 생기는 등 몸 전체의 상태가 나빠졌다고 보고했어요. 그동안 정부의 허가 아래 먹어 온 옥수수가 쥐에게 악영향을 미쳤다고 보고됐으니 세계가 깜짝 놀랐겠죠?

이 실험의 가장 중요한 점은 기존의 동물 실험어 비해 관찰 기간이 길었다는 사실이에요. 보통 GMO의 동물 실험은 최대 90일을 넘지 않아요. 사람으로 따지면 사흘까지 먹여 본 셈이지요. 이에 비해 프랑스 연그진은

쥐의 평균 수명인 2년에 걸쳐 상태를 관찰했어요. 우리가 평생 GMO를 먹게 될 텐데, 90일은 너무 짧다고 생각한 것이죠.

이 연구는 GMO의 안전성을 제대로 판단하기 위해서는 장기적인 동물 실험이 필요하다는 점을 분명히 알려 주고 있어요. 하지만 프랑스를 비롯한 여러 나라와 우리나라의 정부는 이 연구를 무시했어요. 그동안 GMO가 안전하다고 주장해 온 과학자들은 이 연구가 틀렸다고 했거든요. 다른 나라 정부는 이런 주장을 받아들였고요.

그렇다고 해서 이 옥수수에 대한 논란이 완전히 끝난 것은 아니에요. 과학계에서는 프랑스 연구진을 반대하는 집단과 지지하는 집단으로 나뉘어 서로의 주장을 계속 펼치고 있어요. 논란은 아직까지 이어지고 있지요.

GMO보다 더 위험한 글리포세이트

프랑스 연구진이 쥐에게 제공한 먹이에는 GMO 외에 제초제도 섞여 있다고 했죠? 이 제초제의 주요 성분을 글리포세이

트라고 불러요. 그런데 글리포세이트의 사용에 대해 심각한 경고가 내려졌어요.

  2015년 세계보건기구의 국제암연구소가 글리포세이트가 암을 일으킬 수 있는 물질, 즉 발암 물질이라고 밝힌 거예요. 글리포세이트는 세계에서 가장 널리 사용돼 왔어요. 특히 GMO를 재배할 때 많이 뿌려지고 있어요. 국제암연구소의 발표는 세계인에게 굉장히 충격이었어요.

  글리포세이트의 위험 정도는 상대적으로 높았어요. 연구소는 어떤 물질이 암을 일으키는 정도를 다섯 등급으로 분류하고 있는데, 글리포세이트는 두 번째 수준인 2A등급으로 분류됐어요. 암을 확실히 일으키는 1등급 물질, 그

리고 암을 일으킬 가능성이 어느 정도 있는 2B등급 물질의 중간쯤이에요. 동물에게는 치명적이지만 아직 사람에게는 어느 정도 나쁜지 확실치 않다고 해요.

당장 미국, 브라질, 아르헨티나 등 세계 28개 GMO 재배국의 농민과 생태계에 어떤 문제가 발생하고 있을지 무척 걱정스러워요. 유전자가 변형된 콩과 옥수수는 멀쩡하다지만, 암을 일으키는 제초제의 사용량이 꾸준히 늘어났기 때문이죠.

하지만 국제암연구소의 발표 이후에도 글리포세이트의 사용이 중단되지는 않았어요. 당시 미국은 이 발표를 참고해 글리포세이트의 안전성을 다시 평가하겠다고 밝혔어요. 그리고 같은 해 6월 글리포세이트가 암을 일으키는 물질이 아니라고 결론을 내렸지요. 역시 이런 주장을 하는 과학자들의 의견을 받아들인 결과였지요. 같은 해 11월 유럽도 미국과 동일한 결론을 발표했고요.

당장은 안심이 되긴 하지만 논란이 결코 줄어들지 않고 있기 때문에 마음을 놓을 수는 없어요. 최종 결론이 나오기 전까지 글리포세이트의 사용을 잠깐 중지하거나 사용하는 양을 줄이기라도 하는 방안이 나와야 하지 않을까요? 최근에 유럽은 글리포세이트의 수입을 일시적으로 중단하기로 결정했어요. 하지만 우리나라를 비롯한 다른 나라들은 그냥 예전처럼 사용하고 있어요.

다만 미국의 캘리포니아는 암이나 기형을 일으킬 가능성이 있는 화학 물질에 글리포세이트를 포함시키겠다고 밝히기는 했어요. 그렇다고 이 물질을 사용하고 판매하는 일을 금지하지는 않았지요. 그저 기업이 제품의 위험 가능성을 사용자들에게 분명하게 알리기만 하면 돼요. 글리포세이트를 많이 사용하고 있는 우리나라에서는 이런 일들이 아예 국민에게 잘 알려지지 않은 것 같아 걱정이에요.

슈퍼잡초와 슈퍼버그

GMO가 인간의 건강에 어떤 영향을 미치는지에 대해서는 확실한 답이 나오지 않은 상태예요. 이에 비해 GMO가 우리의 생태계에 나쁜 영향을 준다는 점은 이미 인정되었어요. 그 내용을 요약해 보면, 특정 제초제도 듣지 않는 슈퍼잡초가 등장했다는 것이지요.

제초제에 잘 견디는 GMO를 예로 들어 볼게요. 기대대로라면 밭에 제초제를 뿌렸을 때 GMO는 살아남고 주변 잡초만 사라져야 하겠죠? 하지만 주변 잡초가 없어지지 않는 상황이 벌어지고 있어요. 오히려 더 많아지고 있지요.

잡초가 특정 제초제에 견디는 능력, 즉 내성을 가지게 됐기 때문이에요. 이런 잡초를 흔히 '슈퍼잡초'라고 불러요. 농부가 슈퍼잡초를 없애려면 당연히 더 강력한 제초제를 더 많이 뿌려야 하겠죠? 그러니 농약 사용은 이전보다 늘어나게 될 테고요.

실제로 이미 2009년 미국에서 슈퍼잡초의 등장으로 농약 사용이 굉장히 많이 늘어났다는 보고가 있었어요. 그 주요 원인은 슈퍼잡초였고요. 내용은 상당히 충격적이었어요. GMO 개발 회사들도 슈퍼잡초가 많이 생긴다는 사실을 알고 있어요. 이를 해결하기 위해 원래 농가에서 잡초를 없애던 방법, 즉 땅을 갈아엎어 잡초를 없애거나 다른 농약을 함께 쓰라고 권하기도 했어요.

히히~ 그만 간질겨.

결국 이런 여러 가지 대책이 나오고 있다는 것은 원래 예상과 달리 슈퍼잡초를 감당할 수 없다는 걸 간접적으로 보여 주는 거나 다름없어요. 하지만 이런 방법은 근본적인 해결책은 아니에요. 그래서 슈퍼잡초를 없애기 위해 제초제 사용량은 앞으로 점점 더 늘어날 것이라고 예측되고 있어요.

한편 벌레 잡는 GMO의 경우 아직까지는 살충제의 사용이 감소됐다고 평가받고 있어요. 굳이 살충제를 뿌리지 않아도 벌레가 다가오지 않으니, 사용량이 줄어들었다는 말은 당연한 결과예요. 하지만 현재까지 그럴 뿐이에요. 제초제와 비슷하게, 살충성 농산물을 먹어도 끄떡없는 벌레, 즉 수퍼버그가 생긴다면 상황이 달라지겠죠. 만일 슈퍼버그가 등장한다면 이전보다 더욱 강력한 살충제를 대량으로 사용할 수밖에 없어요.

생태계를 오염시키는 GMO

GMO가 생태계에 미치는 나쁜 영향은 여기에 그치지 않아요. 주변의 농가에 침투할 수 있기 때문이에요. 대표적으로 GMO는 유기 농가에 위협적인 존재로 떠오르고 있어요.

유기농은 화학 비료나 농약을 사용하지 않고, 인간과 생태계에 해를 끼치지 않는 농업을 말해요. 건강에 신경을 많이 쓰는 사람들은 당연히 일반 농산물보다 유기농을 좋아하지요.

미국의 예를 살펴볼게요. 미국은 유기농 분야에서 세계에서 가장 앞선 나라 가운데 하나예요. 동시에 GMO의 재배와 수출에서도 가장 앞선 나라지요. 최근까지 미국에서는 GMO 표시 제도가 없었어요. 그래서 GMO를 꺼리는 미국인들은 정부가 인정한 유기농 표시가 붙은 제품을 선호했지요.

그런데 최근 유기농을 재배하는 곳에서 뜻하지 않게 GMO가 자라는 일이 벌어지고 있어요. 세계 어느 나라에서도 GMO는 유기농 제품이 아니에요. GMO는 실험실에서 만들어진 것이기 때문에 자연 친화적인 유기농 제품으로 인정할 수 없는 것이지요. 만일 유기 농가에서 GMO가 발견되면 유기농의 자격이 사라지게 돼요. 그래서 미국의 유기 농가는 GMO가 자신의 농지에 침투하는 일을 가리켜 '오염'이라고 불러요. 마치 위험한 물질이 공기나 물을 오염시키는 것과 비슷하게 생각하는 것이지요.

오염은 왜 발생할까요? 생각보다 간단해요. 인근 경작지로 GMO 꽃가루가 날아가거나 아예 종자가 이동할 수 있기 때문이지요. 실제로 GMO의 오염으로 인해 미국의 유기 농가에서 정부의 유기 인증을 박탈당한 사례가 점점 많아지고 있어요.

이런 상황이다 보니 유기 인증 표시에 대한 소비자의 신뢰도가 떨어지고 있어요.

　유기 농가의 농부들은 오염을 막기 위해서 이래저래 손을 쓰고는 있어요. 예를 들어 GMO를 재배하는 농지와 거리를 많이 두기 위해 자신의 농지 일부에 아예 아무것도 심지 않지요. 종자를 뿌리는 시기를 늦추기도 하고요. 이러다 보니 수확하는 농산물의 양이 줄어들 수밖에 없어요.

 ## 안심할 수 없는 대한민국

　우리나라는 어떨까요? 아직 우리 땅에서 GMO를 재배하지 않고 수입만 하고 있으니까 오염 문제가 생기지 않을 것 같죠? 그렇지 않아요. 다행히 아직까지는 농가를 오염시킨 사례가 보고되지 않았지만, 앞으로 어떤 일이 벌어질지 누구도 장담하기 어려워요.

　우리나라 정부는 2009년부터 국내에서 GMO가 자라고 있는지를 조사해 왔어요. 수입국에서도 GMO가 자랄 수 있냐고요? 물론이죠! GMO를 수입해 항구에서부터 가공식품 공장이나 사료 공장까지 운송하는 과정에서 GMO가 유출될 수 있거든요.

2009년부터 2013년까지 국내에서 GMO가 발견된 지역은 모두 49곳이에요. GMO 농산물을 수입할 뿐인데 발견된 건이 이 정도라면 생각보다 꽤 많지요? GMO는 주로 운송로나 공장 주변에서 자라고 있거나 알곡 형태로 떨어져 있었어요. 발견된 GMO 농산물은 콩, 옥수수, 목화, 캐놀라 등 우리나라 정부가 수입을 허가한 품목들이었고요.

2014년에는 29곳에서 발견되었어요. 이들 가운데 10곳은 과거에 발견된 지역과 겹쳐요. 이상한 일이에요. 왜냐하면 일단 발견된 GMO는 얼리거나, 높은 온도와 압력을 가하는 방식으로 없애 버리거든요. 그런데도 이미 제거된 지역에서 GMO가 다시 자라고 있는 이유가 무엇일까요? 아무도 알 수 없어요. 운송 과정에서 우연히 같은 장소에 떨어졌을 수도 있고, 조사 지역이 워낙 넓다 보니 발견 자체가 어려워 놓쳤을 수도 있겠지요.

전문가들이 매년 면밀히 조사하고는 있지만 실제로 얼마나 많은 GMO가 자라고 있는지는 알 수 없어요. 일단 의심스러운

개체를 발견한 후 유전자 검사를 거쳐야 최종적으로 GMO임이 판명되거든요. 그러려면 국내에 수입이 승인된 GMO 각각에 대해 검사법이 만들어져야 해요.

하지만 지속적으로 새롭게 승인되고 있는 GMO의 수를 검사법이 따라가기에 벅차지요. 예를 들어 2014년 10월 기준으로 123개의 GMO가 국내에 유통되었는데요, 당시 국내에서 GMO를 하나하나씩 정확히 확인할 수 있는 검사법은 32개에 불과했어요. 이런 상황이라면 GMO가 유출되었는지 정확히 확인할 길이 없는 셈이에요.

동물 GMO는 더 위험해요!

스스로 움직일 수 없는 농산물도 이러저러한 이유로 이동하고 있으니, 스스로 움직일 수 있는 동물은 그 이동의 범위가 훨씬 광범위할 거예요. 그래서 슈퍼연어가 생태계 교란을 심각하게 일으킬 수 있다는 우려가 나오고 있어요. 슈퍼연어가 바다로 탈출할 수 있기 때문이에요.

현재 세계적으로 양식장에서 탈출한 어류는 약 200만 마리나 돼요. 만일 슈퍼연어가 탈출해 바다에 유출되면 자연산 연어의 생존을 위협할 수 있어요. 보통의 연어보다 두 배 많이 먹고 두 배 빨리 자란다고 하니, 보통의 연어는 살아남기 힘들겠죠?

또한 슈퍼연어가 자연산 연어와 교배해서 새끼를 낳는다면 이 새끼가 정상일지 아닐지 혼란스러워질 거예요. 심지어 연어와 친척뻘인 송어를 일부러 슈퍼연어와 교배를 시켜 봤는데요, 놀랍게도 새끼가 나왔다고 해요. 이런 일이 실제로 바다에서 벌어진다면, 앞으로 바다 생태계가 어떻게 변할지 추측하기 어려워지겠죠.

GMO 개발 회사는 이 문제를 해결하기 위해 슈퍼연어가 새끼를 갖지 못하게 하는 연구를 해 왔어요. 최근까지 슈퍼연어가 새끼를 낳지 못할 확률은 99.8%라고 해요. 그러나 따지고 보면 그다지 높은 수치는 아니에요. 100만 개 알이 한 양식장에서 자란다고 생각하견 새끼를 낳을 수 있는 슈퍼연어의 수가 2천 마리나 되거든요. 결코 적지 않은 숫자지요.

허가받지 않은 불량 GMO를 먹을 수도 있어요

정부의 허가를 받은 수입 GMO가 국내에서 자라고 있다고 했죠? 그런데 허가를 받지 않은 GMO가 자라고 있다면 어떨까요? 그리고 이 GMO를 우리가 먹게 된다면요? 허가를 받지 않은 GMO는 안전성을 따지기 전에 절대로 농지에서 자라면 안 돼요. 불량 GMO이기 때문이에요.

그런데 국내에서 이런 상황이 벌어졌어요. 2016년 중국에서 수입해 전국 농가와 축제지에 심은 엄청난 양의 캐놀라 종자가 알고 보니 허가받지 않은 GMO였어요. 뒤늦게 이 사실이 알려져 캐놀라를 일일이 찾아 없애느라 큰 난리가 났었지요. 사실 이런 사태는 2013년 '미국산 밀' 사건이 터졌을 때 예고돼 있었어요.

　이 사건은 한 농부의 제보에서 시작됐어요. 미국 오리건주에서 9년간 밀 농사를 지었던 이 농부는 그해 초 새로 종자를 심기 전에 밭에 제초제를 뿌렸어요. 잡초를 없애기 위해서였죠. 이전 해에 수확한 후 남아 있던 밀도 제거 대상이었고요.

　그런데 뜻밖의 일이 벌어졌어요. 제초제를 뿌려도 살아남은 밀이 발견된 거예요. 제초제는 몬산토가 생산한 글리포세이트였어요. 농부는 이 밀이 몬산토의 밀이라고 생각하고, 곧바로 연구진에 검사를 부탁했어요. 그 결과 글리포세이트에 견디는 밀이라는 1차 판정이 나왔어요.

　미국의 농부, 연구진, 정부 모두 크게 놀랐어요. 당시까지 GMO로 개발된 밀은 미국은 물론 세계 어디에서도 허가된 적이 없었기 때문이죠. 다만 몬산토가 GMO로 개발한 밀을 시험 재배한 적은 있었어요. 농부가 사는 지역에서는 2001년 시험 재배가 이뤄졌고, 이후 몬산토는 재배를 포기하고 시험 재배 중이던 밀을 완전 폐기했다고 밝혔지요. 그렇다면 12년이 지난 시점에서 어떻게 밀이 다시 자라고 있는 것일까요? 당연히 시험 재배했던 밀이 살아 있을 가능성이 있었던 거죠.

하지만 몬산토는 농부가 발견한 밀이 시험 재배하던 밀과 다른 것이라고 발뺌을 했어요. 과거에 시험 재배를 한 것은 사실이지만, 2013년 GMO가 발견된 지역은 시험 재배 장소와 너무 멀리 떨어져 있었다는 이유였어요. 밀의 꽃가루 이동 거리가 지극히 짧기 때문에 멀리까지 이동할 수 없다는 거예요.

미국 정부는 길고 긴 조사에 들어갔어요. 그리고 17개월의 긴 조사 끝에 결국 농부가 발견한 밀이 시험 재배하던 밀과 동일한 것으로 밝혔지요. 다행히도 이 GMO 밀은 시장에 유통되지 않았다고 해요.

소비자 입장에서는 이 GMO 밀 종자가 판매되지 않았다는 발표에 일단 안심할 수 있었어요. 하지만 이 사건은 인간이 GMO를 재배하고 관리하는 일이 현실적으로 불가능하다는 걸 보여 주었어요. 게다가 실험실이나 시험 재배지 외에 어디서도 자라지 말아야 할 GMO가 일반 농가에서 발견된 구체적인 이유도 밝혀내지 못했고요.

만약 이 GMO 밀을 농부가 아닌 밀을 전혀 모르는 사람이 발견했다면 어땠을까요? GMO 밀이 생태계를 오염시키는지도 모른 채 넘어갔을지도 몰라요. 이미 우리 주변에서 자라고 있을 가능성도 있고요. 그만큼 GMO를 발견하는 일은 물론 유출되는 원인을 과학적으로 밝혀내기가 어려워요.

미국 정부는 이제부터 시험 재배 지역과 그 주변 지역을 조사해 허가를 받지 않은 GMO가 유출되지 않도록 차단하겠다고 밝혔어요. 당연한 조치이지만 많이 늦었어요. 그동안 미국 정부는 GMO 개발 회사의 얘기만 믿고 제대로 점검하지 않았거든요. 또한 아무리 조사를 엄격히 해도 허가를 받지 않은 GMO가 존재하는지만 확인할 뿐 그 이유를 밝힐 수 없을 거고요.

이 사건을 통해 밀은 물론이고 다양한 GMO가 허가를 받지 못한 채 우리 식탁에 오를 수 있다는 것을 미루어 짐작할 수 있어요. 그동안 한국 소비자 입장에서는 수입 밀에 GMO가 섞여 있는지가 가장 큰 걱정이었는데 이 사건으로 간접적인 답을 얻기도 했고요. 더구나 이 사건의 발단이 시험 재배용 GMO라는 점을 떠올리면 우려는 더욱 커질 수밖에 없어요. 한국에서도 시험 재배 중인 GMO가 많이 있기 때문이에요.

 **파란 카네이션, 까만 장미**

그동안 세계에서 가장 널리 재배돼 온 GMO는 사람과 가축이 섭취하는 농산물이었어요. 그런데 이제는 다양한 기능을 갖춘 GMO 꽃과 나무도 속속 등장하고 있어요.

GMO 꽃은 식품용 GMO와 거의 같은 시기에 등장했어요. 1997년 호주의 플로리젠이라는 회사가 파란 카네이션을 시장에 내놓았어요. 파란 카네이션은 원래 자연에서는 자라지 않아요. 전통 육종으로도 만들어진 적이 없었고요. 카네이션 종자에 파란색을 만드는 유전자를 넣어서 파란 카네이션이 생긴 것이죠. 색깔이 점점 다양해져서 이제는 보랏빛 카네이션, 까만색 카네이션도 나왔어요.

카네이션뿐만 아니라 파란 장미도 등장했고, 최근에는 미국과 이스라엘의 합작 회사가 피튜니아의 수명을 연장하는 기술을 개발했어요. 우리나라에서도 다양한 기능을 갖춘 국화, 나리, 선인장, 잔디 등에 대한 연구가 활발해요.

정부는 GMO 꽃에 대해서는 식품용 GMO에 비해 간단한 과정을 거쳐 허가를 내려요. 먹는 음식이 아니니까 사람의 건강에 해가 없는지를 검사하지 않는 거예요. 그럼 조만간 유전자가 변형된 아주 이색적인 꽃들이 주변 정원을 가득 채울 수 도 있겠지요?

　아직 우리나라에서 GMO로 개발된 꽃이 가게에서 팔린다는 소식은 없어요. 하지만 곧 그런 일이 벌어질지 몰라요. 그리고 이들이 GMO라는 사실을 겉모습만으로는 도저히 알 수 없을 테고요. 자연에서는 없던 꽃을 실험실에서 만들었다니 썩 달갑지 않아요. 누군가에게 선물받은 꽃이 GMO로 만들어진 꽃이라고 상상해 보세요. 뭔가 석연치 않은 구석이 있을 것만 같네요.

 GMO 유칼립투스가 만든 사막

GMO로 개발된 나무도 점점 많아지고 있어요. 2015년 4월 브라질은 GMO로 개발한 유칼립투스 나무의 재배를 허가했어요. 잡초에서 분리한 성장 촉진 유전자를 넣어 보통의 유칼립투스보다 20% 이상 빨리 자라도록 개발되었지요.

호주가 원산지인 유칼립투스는 원래 빠른 성장 속도로 유명해요. 게다가 단단하기도 해서 산업용으로 활발하게 재배되고 있어요. 그런데 지금보다 좁은 면적에서 더 많은 목재를 얻기 위해 유칼립투스의 유전자를 변형한 것이에요.

이뿐만이 아니에요. 미국과 중국에 한정돼 있긴 하지만, 이미 상업화되어 야외에서 자라고 있는 GMO 나무로는 포플러, 파파야, 자두나무 등이 있어요. 당장은 인간에게 나무를 제공해 주니까 좋아 보일 수 있지만 부작용도 커요.

과학자들은 GMO로 개발된 유칼립투스가 삼림 생태계를 지배하는 일을 걱정하고 있어요. 원래 주변 지역에 살던 다른 식물을 모두 몰아내고 자기만 자라게 되기 쉽거든요. 이를 막기 위해 GMO 개발 회사들은 유칼립투스의 꽃가루가 만들어지지 않도록 또 한 번 유전자를 변형하고 있어요. 유칼립투스가 주변으로 퍼져 나가지 않게 하기 위해서요.

그런데 이보다 먼저 따져 볼 문제가 있어요. 유칼립투스가 생태계에 이미 나쁜 영향을 미치고 있다는 거예요. 동남아시아에서는 유칼립투스 인공 숲이 만들어지면서 원래 여기에 있던 원시림이 사라지고 있어요. 유칼립투스가 워낙 물과 영양분을 잘 흡수하기 때문에 그곳에 살던 나무들이 살아남기 어려워졌거든요. 또한 인공 숲을 만들기 위해 많은 나무를 잘라 냈기 때문이기도 하죠. 그래서 환경 단체들이 유칼립투스 인공 숲 지역을 '녹색사막'이라고 불러요. 유칼립투스가 빼곡히 자라고 있는 숲을 멀리서 보면 온통 녹색이어서 좋아 보이지만, 이 숲은 다른 나무나 풀이 전혀 자랄 수 없는 사막 같은 곳이 된다는 의미예요.

어때요? 이래도 GMO가 안전할까요? 지금까지 살펴본 바로는 결코 안전하다고 할 수 없을 것 같아요. GMO에 대해 지금보다 더 꼼꼼하게 따져 봐야 하지 않을까요?

GMO는 정말로 안전할까?

1 세계가 깜짝 놀란 GMO의 위험성

2 GMO보다 더 위험한 글리포세이트

3 생태계를 오염시키는 GMO – 허가받지 않은 불량 GMO를 먹을 수 있어요.

GMO는 효과적이지도 않고, 안전하지도 않은 셈이야.
그런데도 계속 GMO를 개발해야 할까?
GMO가 생태계를 오염시키면 생태계 질서는 어떻게 될까?

5

GMO가 우리 집 식탁을 점령하고 있다!

 GMO 수입 왕, 대한민국

 안정성이 입증되지 않은 GMO. 우리나라 상황은 어떨까요? 우리나라는 세계에서 가장 많이 GMO 농산물을 수입하는 나라 중 하나예요. 우리나라는 언제부터 GMO를 수입하기 시작했을까요? 1996년이에요. 외국에서 콩과 옥수수가 GMO로 개발된 바로 그해였어요. 그렇게 일찍부터 우리나라 사람들이 GMO를 먹기 시작한 이유는 선택의 여지가 없기 때문이에요. 이미 우리가 먹는 콩과 옥수수의 대부분을 외국에서 수입하고 있었거든요.

 한 나라의 국민이 먹는 식량 가운데 자기 나라 땅에서 직접 길러 먹는 식량의 비율을 식량 자급률이라고 부르는데요. 만일 우리나라 사람이 1년

간 먹는 콩이 1,000kg이라고 하고, 우리나라 땅에서 1,000kg의 콩을 재배한다면 식량 자급률은 100%예요. 외국에서 수입하지 않고도 우리가 기른 콩으로 충분히 먹고살 수 있다는 의미지요.

하지만 우리나라는 1996년 당시나 현재나 비슷하게 콩과 옥수수의 식량 자급률이 매우 낮아요. 2014년의 경우 콩의 식량 자급률은 35.9%, 옥수수는 4.2%로 나타났어요. 나머지는 모두 외국에서 수입해 소비한다는 뜻이죠. 그런데 우리나라에 수출하는 나라들이 콩과 옥수수의 대부분을 GMO로 개발했거든요. 따라서 우리나라는 별수 없이 GMO를 수입하기 시작한 거예요.

이렇게 시작된 GMO 수입은 지금도 계속되고 있어요. 매달 우리나라 정부는 이전 달까지 국내에 수입된 GMO의 종류를 알려 줘요. 아래 자료를 한번 볼까요?

2. 유전자변형생물체 국내 위해성심사

☐ **2016년** 식품용 유전자변형생물체로 5개 작물, 1개 미생물, 총 17건 (재심사 3건 포함)이 위해성심사 승인되었으며, 현재까지 7개 작물, 3개 미생물, 총 150건에 대해 승인

  ○ (2016년) 콩(4건), 옥수수(6건), 면화(4건), 사탕무(1건), 알팔파(1건), 미생물(1건)
    * 식품용 유전자변형생물체의 경우 식품위생법에 따라 위해성심사승인을 받은 지 10년이 지난 경우 재심사를 받아야 하며, 2016년에 옥수수 1개, 면화 1개, 사탕무 1개 이벤트의 재심사승인이 이루어짐

  ○ (누적) 콩(25건), 옥수수(74건), 면화(28건), 감자(4건), 캐놀라(13건), 사탕무(1건), 알팔파(2건), 미생물(3건)임

☐ **2016년 농업용**(사료용, 농업가공용) 유전자변형생물체로 4개 작물, 14건이 위해성심사 승인되었으며, 현재까지 5개 작물, 총 139건에 대해 승인

  ○ (2016년) 콩(4건), 옥수수(5건), 면화(4건), 알팔파(1건)
  ○ (누적) 콩(24건), 옥수수(71건), 면화(28건), 캐놀라(13건), 알팔파(3건)임

우리나라에 수입되는 GMO는 식품용과 농업용으로 나뉘는데요, 식품용은 사람이 먹는 농산물이고 농업용은 주로 가축의 사료로 쓰이는 GMO를 말해요. 2016년 보고 내용을 보면 사람이 먹는 식품용 GMO는 주로 콩, 옥수수, 목화, 캐놀라(유채) 4가지예요. 감자는 과거에 수입된 적이 있지만 현재 수입이 중단된 상태예요. 그러니까 감자를 빼고 살펴보죠.

괄호 안의 '건'은 종류를 의미해요. 예를 들어 콩(25건)은 우리나라에 25종류의 GMO 콩이 수입되고 있다는 뜻이죠. 가축 사료로 주로 쓰이는 농업용 GMO 역시 4가지가 대부분을 차지

하고 있어요. 이들은 세계적으로 가장 많이 재배되는 종류이기도 해요.

여기서 한 가지 주의할 사항이 있어요. '언제(시점)', 그리고 '어디서(장소)'가 중요해요. 정부 자료에서 보여 주는 내용은 2016년 한국에서의 상황일 뿐이에요. 시간이 지나면서 얼마든지 국내에 새로운 종류의 GMO가 수입될 수 있어요. 앞으로 우리 식탁에 오른 거의 모든 음식이 GMO 농산물이 될지도 모르겠네요.

우리가 이걸 다 먹는다고요?

우리나라에 수입된 GMO 농산물은 얼마나 될까요? 우리나라 사람들은 얼마나 많은 GMO를 먹고 있을까요? 사실 정확한 양을 파악하기는 어려워요. 다만 전체 수입하는 농산물에서 GMO가 차지하는 비율을 통해 대략적으로나마 짐작할 수 있어요. 한마디로 표현하면 우리나라에서 소비되는 콩과 옥수수의 절반 이상이 GMO라고 할 수 있어요. 정말 엄청난 양이죠?

좀 더 구체적으로 살펴볼까요? 2014년 식품용으로 수입한 콩 가운데 GMO가 차지하는 비율은 80%에 달했어요. 콩의 식량 자급률이 35.9%이므로, 수입되는 콩은 64.1%겠지요. 이 가운데 80% 정도가 GMO예요. 옥수수의 경우 식량 자급률 4.2%를 빼면 수입되는 옥수수는 자그마치 95.8%나 돼요. 이 옥수수 가운데 61%가 GMO고요.

종류	양	전체 수입 대비 GMO 비율	수입 국가	주요 제품	기타 제품
콩	102만 1천 톤	80%	브라질, 미국, 기타	콩기름	두유, 이유식, 육류 가공품(소시지·햄·맛살 등), 장류
옥수수	126만 2천 톤	61%	미국, 남아프리카 공화국, 기타	빵, 과자, 음료, 빙과, 스낵, 소스, 유제품 등	옥수수차, 팝콘, 뻥튀기, 시리얼 등

사람이 먹는 식량에 가축의 사료까지 합쳐서 생각해 보면 우리나라의 상황이 심각하다는 것을 알 수 있어요. 식량과 사료를 합친 자급률을 곡물 자급률이라고 불러요. 2014년의 경우 콩의 곡물 자급률은 11.3%, 옥수수는 0.8%밖에 되지 않았어요. 특히 국내에서 사료로 사용되는 옥수수는 거의 전부인 99%가 GMO예요. 엄청난 수치지요.

 떡볶이 속에 꽁꽁 숨은 GMO

우리는 그동안 이렇게 많은 GMO를 먹고 있었는데 왜 모르고 있었을까요? 이제 우리 곁의 GMO가 어떤 모습인지 찾아볼까요? 당연히 식품 가게에 가면 찾을 수 있을 거예요. 콩과 옥수수는 쉽게 찾을 수 있을 것 같은데 목화와 캐놀라는 어디에 있을까요?

생각보다 답은 간단해요. 이들 모두 가공식품 매장에 모여 있어요. 가공식품이라는 말에서 조금 눈치챘겠지만, 이들 4가지 GMO는 날것 그대로의 모습으로 존재하지 않아요. 대부분 자

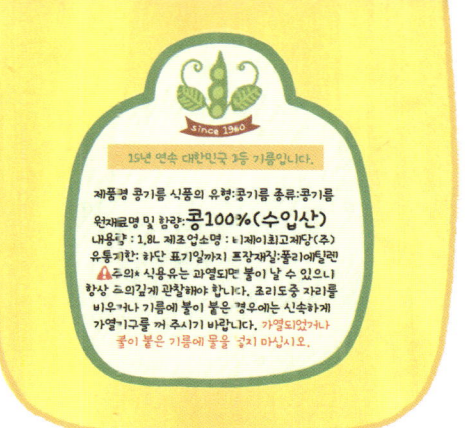

신의 모습이 없어진 채 각종 가공식품에 섞여 들어가 있어요. 구체적으로 하나하나씩 들여다볼까요?

먼저 GMO 콩은 99% 이상이 콩기름을 만드는 데 사용된다고 해요. 물론 양은 얼다 안 되지만 콩기름 외에도 두루 쓰이고요. 콩기름을 만들고 남은 콩깻묵은 간장, 된장, 고추장 등 장류에 사용되어요. 두유, 이유식, 소시지나 햄 등에도 쓰일 수도 있

고요.

이에 비해 GMO 옥수수는 상당히 많은 종류의 가공식품에 사용되고 있어요. 크게 녹말(전분)과 단맛을 내는 당류로 쓰이는데, 온갖 식품에 포함돼 있어요. 떡볶이, 빵, 과자, 음료, 아이스크림, 스낵, 소스, 유제품 등 이루 헤아릴 수 없는 많은 식품에 들어가죠. 식료품 가게에서 옥수수 성분이 들어가지 않은 종류를 찾기 어려울 정도예요. 이들 외에도 알갱이의 모습이 남아 있는 옥수수차, 팝콘, 시리얼에도 있어요. GMO는 상상하는 것보다 훨씬 많은 식품에 들어가 있다는 걸 명심해야 해요.

식용유는 GMO 농산물 천지

또 하나의 질문을 던져 보죠. 4가지 GMO가 모두 사용될 수 있는 가공식품은 무엇일까요? 바로 식용유예요. 콩기름은 당연히 식용유의 한 종류이고, 옥수수 역시 식용유 재료로 사용되고 있어요. 목화씨로 만든 면실유는 마가린, 샐러드유, 참치 통조림 등에 들어가 있어요. 캐놀라는 어떨까요? 캐나다에서 수입한 캐놀라로 만든 캐놀라유, 또는 캐나다에서 원유를 수입해 가공한 캐놀라유는 대부분 GMO로 만든 것이에요.

다시 말해서 우리나라에 수입되는 4가지 GMO 농산물은 모두 식용유로 만들어지는 거예요. 이게 뭐 놀랄 만한 일인가 하고 생각할지도 모르지만, 이 사실을 심각하게 고민해 볼 필요가 있어요.

식용유는 요리에 가장 많이 쓰이는 재료 중 하나여요. 달걀 프라이를 할 때도 쓰이고 집에서 각종 튀김을 만들 때도 쓰이죠. 우리나라 사람들이 가장 좋아하는 배달 음식인 치킨을 튀길 때도 어마어마한 양의 식용유가 쓰여요. 이렇게 다양한 음식에 많은 양의 식용유가 쓰이는데, 완성된 음식에서는 보이지 않으니 우리가 GMO 농산물을 많이 먹는다고 생각하지 않게 된 거예요. 우리는 생각하는 것보다 GMO 농산물을 훨씬 더 많이 먹고 있어요. 바로 이렇게 음식에 보이지 않는 재료로요.

 ## 사라진 이름표

 그렇다면 우리는 이 많은 가공식품 가운데 GMO를 재료로 만들었다는 걸 왜 모르고 살았을까요? 왜 우리 눈에는 보이지 않았을까요? 그건 바로 우리나라의 GMO 표시 제도 때문이에요. 겉에 GMO라는 표시가 없다면 아무도 알 수 없겠지요. 그런데 우리나라는 이 표시 제도가 너무 허술해서 대부분의 사람이 알아차리기 어려워요.

 예를 들어 보죠. 식품 가게 진열대에 잔뜩 늘어서 있는 식용유에 알쏭달쏭한 글귀가 적혀 있어요.

100% 콩으로 국내에서 만든 콩기름!

 얼핏 생각하면 국산 콩, 즉 국내에서 재배한 콩으로 만든 콩기름인 것 같죠? 하지만 식품 재료 표시를 자세히 보면 그렇지 않은 경우가 많아요. 외국에서 수입한 콩을 원료로 국내 가공업체가 만든 기름일 가능성이 커요. 실제로 대부분의 콩기름에는 '콩(수입산)'이라고 표시돼 있어요.

 이 말의 의미를 곰곰이 생각해 보세요. 국내에 식품용으로 수입되는 콩 가운데 GMO 콩은 99% 이상 콩기름 제조에 쓰인다고 했죠? 만일 이 문구가 붙어 있는 콩기름의 콩이 수입산이라면 그 콩은 GMO일 가능성이 크고요.

문제는 소비자가 이 제품이 GMO 농산물로 만들어졌는지를 정확하게 알기 어렵다는 데 있어요. 소비자는 오로지 표시를 통해 그 사실을 알 수 있어요. 즉 이 농산물이 GMO인지, 이 가공식품을 GMO 농산물로 만들었는지 등을 표시하지 않으면 겉모습만으로는 도저히 알 수 없다는 거예요.

우리나라에는 GMO 표시제가 있을까요, 없을까요? 있습니다! 농산물과 가공식품 모두 3가지 종류의 표시가 있어요. 농산물의 경우 '유전자 변형 ○○', '유전자 변형 ○○ 포함', '유전자 변형 ○○ 포함 가능성 있음' 등으로 표기해요. 가공식품은 '유전자 재조합 식품', '유전자 재조합 ○○ 포함 식품', '유전자 재조합 ○○ 포함 가능성 있음' 등으로 표기해 왔고요.

GMO 표시를 하지 않아도 된다고요?

원래 GMO 표시는 소비자가 쉽게 알아볼 수 있도록 지워지지 않는 잉크로 크게 쓰여 있어야 해요. 제품에 포장지가 있을 경우에는 포장지 겉면에, 포장지가 없을 경우에는 판매 장소에 푯말이나 안내 표시판 등으로 표시해야 하고요.

하지만 문제가 있어요. GMO를 재료로 만든 가공식품이라 해도 표시를 면제받는 경우가 있기 때문이에요. 이 때문에 GMO로 만든 대부분의 가공식품에 표시가 보이지 않는 거예요.

GMO 표시를 하지 않아도 되는 경우를 한번 알아볼까요? 첫 번째는 가공식품에 GMO를 만들 때 쓰인 외래 유전자나 외래 단백질이 남아 있지 않으면 표시를 하지 않아도 돼요. 콩기름에 쓰이는 GMO 콩이 대표적이죠.

좀 더 구체적으로 설명해 볼게요. 콩의 유전자를 조작할 때 넣은 다른 동식물의 유전자(가령 병충해에 잘 견디는 유전자)가 가공된 식품에 그대로 남아 있으면 표시를 해야 해요. 사람들이 GMO로 개발된 콩의 안전성을 걱정하는 이유는 콩에 포함된 외래 유전자와 단백질 때문이에요. 왜냐하면 그동안 사람들은 그냥 콩을 먹어 왔지, 병충해에 잘 견디는 유전자와 그 단백질이 들어 있는 콩을 먹어 본 적은 없기 때문이에요. 이들 유전자

와 단백질은 콩에 원래 없던 이물질이니까 꺼려하는 것이지요.

 이론적으로 콩기름은 기름 성분이기 때문에 제조하는 과정에서 단백질이 남아 있지 않고 모두 파괴돼요. 외래 유전자는 거의 찾기 어려울 정도로 양이 적고요. 따라서 콩기름은 GMO로 만들었든 보통의 콩으로 만들었든 성분이 같아 보이니까 GMO 표시를 면제해 주자는 것이에요.

 이 같은 이유로 콩과 옥수수로 만드는 각종 식용유는 모두 표시가 면제돼요. 단맛을 내는 당류도 마찬가지이고요. 캐나다산 캐놀라로 제조한, 또는 캐나다에서 만든 원유로 제조한 캐놀라유도 당연히 면제돼요. 간장도 그렇고요. 간장을 제조하는 과정에서 단백질 성분이 파괴돼 기본 단위인 아미노산으로 분해되거든요. 이때 아미노산이 어디서 나온 것인지 알기 어렵기 때문에 GMO로 개발된 콩으로 간장

을 만들어도 표시가 면제돼요.

두 번째로, 가공식품의 전체 재료에서 GMO 재료가 들어간 양이 5번째보다 적으면 표시하지 않아도 됐어요. 라면을 예로 들어 볼까요? 라면을 만들 때 GMO로 개발된 옥수수 전분을 사용했다고 생각해 봐요. 이 전분이 전체 재료 가운데 6번째로 많이 포함돼 있으면 표시하지 않아도 되는 거였어요. 오로지 5번째 이내에 포함돼야 표시 대상이었지요. 그래서 빵, 과자, 음료수 등 전분 함유 식품, 그리고 두유, 이유식, 소시지 등 콩 단백질 함유 식품 등에 GMO 표시는 거의 없었어요. 소비자가 아무리 열심히 겉봉투를 들여다봐도 GMO 표시를 찾을 수 없는 이유가 여기에 있어요.

그동안 우리나라 소비자들은 GMO 표시를 그 어떤 경우에도 하도록 요구해 왔어요. 마침내 2017년부터 정부는 두 가지 면제되는 경우 가운데 두 번째를 없앴어요. 한편으로는 반가운 일이죠. 하지만 여전히 첫 번째는 유지하겠다고 해서 논란이 계속되고 있어요.

이제 우리가 즐겨 먹는 육류를 생각해 볼까요? 아직 세계적으로 GMO로 개발된 소고기, 돼지고기, 닭고기는 없어요. 하지만 이들 가축이 먹는 사료를 떠올려 보면 상황은 달라져요.

콩, 옥수수, 목화, 캐놀라 모두 사료로 쓰이고 있거든요. GMO를 먹고 자란 육류를 우리가 먹고 있는 것이니, 간접적으로나마 GMO를 여전히 먹고 있는 셈이죠. 이래도 여전히 GMO 표시를 면제해 주어야 할까요?

 ## 다른 나라에서는 GMO를 이렇게 표시한대요

GMO 표시는 나라마다 다양하게 시행하고 있어요. 그 가운데 소비자가 가장 알아보기 쉽게 표시하는 곳은 유럽 연합의 나라들과 중국, 대만 등이에요. 이들 나라에서는 면제 조항이 없어요. 즉 외래 유전자나 단백질이 거의 남아 있지 않은 식용유에도 GMO 표시를 하는 것이지요. 또한 아무리 적은 양의 재료로 GMO가 사용됐다 해도 무조건 표시하게 돼 있어요.

이에 비해 GMO를 가장 많이 생산하는 미국은 1996년부터 최근까지 GMO 표시가 의무 사항이 아니었어요. 즉 GMO를 생산하는 기업이 자발적으로 표시를 하도록 했을 뿐 법률로 엄격하게 표시하도록 정하지는 않았다는 말이지요. 미국의 50개

주 모두에 적용되는 법률이 없었던 거예요. GMO가 가장 많이 생산되는 나라에서 정작 국민들은 자신이 먹는 음식이 GMO인지 아닌지 거의 알 수 없었던 것이죠. 그래서 미국인들은 각 주마다 개별적으로 GMO 표시 제도를 도입하려고 노력했어요. 그러다 미국인들의 요구가 커지면서 2016년 7월 29일 모든 주에 표시제를 시행한다는 연방법이 겨우 생겼지요. 어떤 식품에 GMO를 표시할지에 대한 구체적인 안은 지금 만들고 있고요.

이처럼 세계 각국에서 GMO 표시는 점점 강화되고 있는 상황이에요. 우리나라도 유럽처럼 표시를 한다면 소비자들이 잘 알아볼 수 있겠지요?

# GMO를 수입하는 우리나라

아빠, 우리나라는 왜 GMO를 수입하게 되었어요?

1996년 이전

1996년 이후

 뭐 특별한 이유는 없어. 언젠가부터 대부분의 농산물을 수입하고 있었는데, 우리나라가 농산물을 수입하는 나라들이 GMO를 만들기 시작하면서 자연스럽게 수입이 된 거지. 선택의 여지가 없었던 거야.

수입 농산물 골라골라!!

감자 100박스! 콩 200박스!!

수입 농산물은 우리나라 농산물보다 훨씬 싸기 때문에 식품 가공 업체에서는 수입 농산물을 써.

아하!

그런데 왜 우리는 여태 모르고 있었을까요?

 그건 GMO 표시제도 때문이야. GMO 농산물로 만든 가공식품 속 유전자와 단백질을 살펴서 GMO인지 아닌지 알기 어려울 정도로 양이 적은 경우에는 표시하지 않아도 되거든.

간장, 식용유, 올리고당과 같은 가공식품에는 GMO가 숨어 있기 딱 좋지!

 우리나라는 GMO를 많이 수입하지만 사람들은 그 사실을 잘 몰라. GMO와 관련된 사실들은 왜 여태껏 알려지지 않았을까? 유럽이나 대만은 우리나라보다 GMO 표시제가 왜 더 엄격할까?

이제 대한민국도 GMO를 개발하는 나라예요

2016년 7월 전라북도 전주에 위치한 농촌진흥청 앞에 1천 300여 명이 모여들었어요. 이들은 농촌진흥청에 항의하기 위해 모였는데, 항의의 이유는 단 한 가지였어요. 우리나라에서 GMO를 재배하는 계획을 중단하라는 것이었죠.

최근까지 많은 국민들은 우리나라에서 GMO가 재배될 것이라고 생각하지 못했어요. 외국에서 수입한다는 정도는 알고 있었지만요. 그런데 우리나라에서도 GMO를 재배하겠다는 계획이 발표된 거예요. 뒤늦게 이런 사실을 알게 된 농민들과 소비자들이 국산 GMO 재배 계획에 반대하는 목소리를 점차 높이고 있어요.

사실 항의하는 모임은 정확히 '시험 재배'를 반대하기 위해서 꾸려졌어요. 지난 10년간 우리나라는 꾸준히 국산 GMO를 개발해 왔어요. 그리고 개발의 막바지에 이르러 전국 곳곳에서 각종 GMO에 대한 시험 재배를 진행하고 있고요.

당장은 벼의 시험 재배가 문제였어요. 도로 하나를 사이에 두고 기존에 농사를 짓던 경작지가 있었거든요. 오랫동안 이 땅에서 농사를 짓던 농민들은 GMO로 개발될 벼가 바로 근처에서 시험 재배될 거라고 상상도 못했어요. 특히 유기농으로 벼농사를 짓던 농민들은 시험 재배지로부터 이동해 온 GMO가 자신의 논을 오염시킬까 봐 걱정이 컸어요.

왜 벼를 GMO로 개발하는지도 이해가 안 됐어요. 그렇지 않아도 2015년 쌀의 식량 자급률이 101%에 달해서 쌀이 남아돌고 있었거든요. 농민들에게는 이제 걱정거리가 하나 더 늘어난 셈이죠.

소비자의 우려도 커지고 있어요. 쌀은 우리나라 사람들의 주식이잖아요. 단일 벼가 GMO로 개발된다면 가공식품 정도가 아니라 매일 먹는 밥에서도 GMO를 만나게 되는 거예요.

2015년 9월 농촌진흥청은 조만간 국산 GMO의 재배 허가를 받기 위해 신청 절차를 밟을 것이라고 밝혔어요. 신청할 예정이던 품목은 벼와 고추 각각 한 종류였고요. 그런데 우리나라에서 개발돼 온 GMO는 이보다 훨씬 다양하고 많아요.

한번 자세히 알아보도록 하죠. 2012년 농촌진흥청이 공개한 자료에 따르면, 국내에서 개발되고 있는 GMO는 17개 작물 133종에 달했어요. 품목 수로는 벼가 62종으로 가장 많았어요. 캐놀라(18종), 배추(7종), 사과(7종), 감자(6종), 콩(5종), 알팔파(3종), 마늘(2종), 고추(1종) 등이 뒤를 이었고요. 대부분 우리가 평소 자주 먹는 음식 재료들이에요.

정부가 GMO를 개발해 온 것은 경제적인 이유 때문이에요. 이미 외국에서 콩, 옥수수, 목화, 캐놀라 등을 개발했고 모두 특허를 등록해 놨거든요. 만일 우리 고유의 음식도 외국에서 먼저 개발해 특허를 걸면 우리나라는 나중에 비싼 사용료를 내 가면서 음식을 먹어야 하겠죠. 그래서 우리나라가 외국보다 먼저 특허를 등록하겠다는 계획을 세운 거예요.

그런데 경제적인 이유도 좋지만 이렇게 함부로 먹거리를

GMO로 바꿔도 될까요? 우리의 주요 식단을 GMO로 바꾸는 것은 정부가 마음대로 결정할 수 있는 문제가 아니에요. GMO를 먹게 되는 국민의 의견이 가장 중요하죠. GMO가 아닌 자연산 농산물을 재배하고 있는 농민들의 목소리도 들어야 하고요. 무엇보다 GMO의 안전성이 계속 논란 중이기 때문에 정부가 국민의 의견을 듣지 않고 일방적으로 GMC 재배를 추진해서는 안 돼요.

GMO의 안전성 검사는 오래오래 꼼꼼하게

지금까지 개발된 GMO가 사람의 건강에 안전한지 알아보는 실험으로 동물에게 직접 먹여 보며 상태를 관찰하는 방법이 있었어요. 먹여 보는 기간은 최대한 90일 정도였고요. 그런데 90일 실험은 유럽에 적용되는 기준일 뿐 우리나라는 90일보다 훨씬 짧은 14일이에요. 외래 단백질을 농축해 쥐에게 주사로 단 한 번 투여하는 방식이지요.

원래 14일 실험은 독성이 아주 강한 약을 테스트할 때 적용하는 실험이에요. 하지만 GMO는 약이 아니잖아요? GMO는 우리가 평생 먹게 될 음식이에요. 그렇다면 14일이라는 짧은 기간 동안 관찰하는 것은 전혀 어울리지 않아요. 웬만한 GMO는 14일 실험에서 독성이 드러나지 않을 테니까요. 적어도 유럽처럼 90일 동안 계속 GMO를 먹여 보면서 이상이 없는지 살펴봐야 해요.

더욱이 우리나라는 벼나 배추 같은 우리의 주요 식재료를 GMO로 만들고 있어요. 현재의 기준대로라면 국산 GMO는 14일 실험만 통과하면 우리 식탁에 오를 수 있어요. 지금까지 우리가 먹어 온 GMO는 대부분 가공식품에 일부 포함된 것이에

요. 이에 비해 벼나 배추는 우리가 거의 매 끼니 많은 양으로 섭취하죠. 그렇다면 14일 실험이 더욱 적당하지 않다는 점을 알 수 있겠죠?

사실 독성을 연구하는 많은 과학자들은 90일 실험보다 좀더 길게 관찰해야 한다고 주장하고 있어요. 그리고 쥐가 새끼를 제대로 낳을 수 있는지, 쥐의 면역력이 떨어지지는 않는지도 자세하게 조사해야 한다고 하지요. 그래야 진짜 안전한지 분명히 알 수 있기 때문이에요.

 ## 소비자의 알 권리와 선택할 권리

GMO에 대해서는 아직까지 논란이 끊이지 않고 있어요. GMO가 몸에 해롭다는 의견과 전혀 해가 없다는 의견이 팽팽하죠. 하지만 한 가지 확실한 것은 GMO 안전성은 아직 확인되지 않았다는 거예요. 그렇기 때문에 GMO를 직접 사 먹는 소비자에게 제대로 알려 주는 것이 중요해요. 하지만 어떤 이유 때문인지 소비자인 우리들에게 GMO에 대한 정보를 속 시원히 알려 주는 경우는 거의 없어요. 대표적인 게 바로 GMO 표시 제도예요. 앞에서 살펴본 것처럼 우리나라는 GMO 표시 제도에 많은 허점이 있거든요.

　GMO를 재료로 식품을 만들 때 표시를 확실히 하라는 요구는 우리나라뿐 아니라 이미 세계 많은 나라에서 확산되고 있어요. 가장 엄격하게 표시 제도를 시행하는 곳은 유럽이에요. 우리나라와 달리 식용유, 당류, 간장 등에도 당연히 표시를 하게 돼 있어요. 소비자, 즉 음식을 사서 직접 먹을 사람이 음식 재료가 무엇인지 알고 선택해 먹을 권리를 다른 무엇보다 중시한 결과지요.

　반면 GMO를 가장 많

우리에겐 알 권리가 있다!
GMO 표시를 확실히 해라!

이 재배하는 미국은 정반대의 상황이었어요. 지난 20년간 미국은 국가 전체적으로 표시제를 채택하지 않았어요. 이에 미국인들은 각 주별로 표시제 도입을 꾸준히 요구해 왔고, 그 결과 2016년 7월 버몬트 주에서 처음으로 표시제가 시행되기 시작했어요. 나아가 최근에는 미국 전체에서 표시 제도를 시행하기로 결정했지요.

미국 정부의 이 같은 변화는 이미 슈퍼연어의 등장 무렵부터 예고돼 있었어요. 2015년 11월 슈퍼연어를 판매해도 좋다는 발표가 나왔을 때 미국의 많은 소비자 단체들과 세계적인 환경 단체들이 이 결정에 강력하게 반대하고 나섰어요. 반대의 이유는 사람의 건강 문제에서 생태계 교란에 이르기까지 상당히 많았고요.

물론 GMO 개발 회사는 사람들의 우려를 없앨 수 있는 과학적 증거를 계속 보여 주었지요. 하지만 반대 여론이 더욱 거세졌어요. GMO 개발 회사가 보여 준 과학적 증거의 약점을 지적하며 허가를 무효화하는 소송도 제기한 상태였죠. 거대 식품 체인점들은 국민의 우려를 반영해 아예 슈퍼연어를 판매하지 않겠다고 공식적으로 발표하기도 했어요.

이 과정에서 미국 정부는 평소와 다른 태도를 보였어요. 승

인 한 달 후 미국 의회가 슈퍼연어를 시장에 당장은 내놓지 못하도록 결정한 거예요. 논란이 거세지자 슈퍼연어에 대한 표시를 어떻게 해야 할지 결정되기 전까지 시장 유통을 금지한 것이죠. 그동안 국민에게 어떤 식품에 GMO 재료가 섞여 있는지 알려 주지 않았던 미국 정부가 이번에는 자발적으로 표시제를 실시하겠다고 나선 거예요. 슈퍼연어의 허가 결정에 대한 반대 여론에 상당한 부담을 안고 있었기 때문이죠.

자신이 먹는 음식의 재료가 무엇으로 만들어

졌는지 표시하라는 소비자의 요구는 당연한 권리예요. 우리나라도 현재는 두 가지 면제 조항 가운데 한 가지를 없앴어요. 하지만 식용유, 당류, 간장 등에 대한 표시 면제는 그대로 유지하고 있어요. 소비자의 알 권리와 선택할 권리를 생각한다면 당연히 이 면제 조항도 없어져야 해요.

 **나부터 시작해요**

사람들이 GMO의 개발에 대해 부정적인 입장을 갖는 이유는 다양해요. 먼저 식량 문제 해결이라는 목표를 살펴보죠. 식량 문제를 해결하는 유일한 해결책이 GMO인지, 지난 20년간 GMO가 식량 문제를 실제로 얼마나 해결한 것인지 모두 의문이에요. 사람의 건강에 별다른 해가 없는지는 여전히 과학계에서 논란 중이고요. 허가를 받았든 받지 않았든 GMO가 생태계에 유출되는 일은 이미 현실에서 벌어지고 있어요. 제초제 사용량이 늘어나고 있고, 그 제초제 성분이 암을 일으킨다고 의심받고 있고요. 결론적으로 GMO는 농민이나 소비자 모두에

게 과연 어떤 혜택을 주고 있을까요? 별다른 혜택이 없어 보이지 않나요?

만일 GMO에 대한 의심이 생긴다면 일단 정확히 상황을 파악하는 일이 중요해요. 예를 들면 현재 외국에서 어떤 GMO가 얼마나 많이 수입되고 있는지, 이들이 어떤 가공식품에 포함돼 있는지, 국산 GMO가 어느 정도로 개발되고 있는지, 주변에 비슷한 생각을 갖고 의논할 친구가 있는지, GMO에 대한 자신의 의견을 어떻게 알릴 수 있는지 등을 아는 데서 출발해야 해요.

물론 쉬운 일은 아니에요. 생각보다 GMO에 대한 정보가 잘 공개되고 있지 않거든요. 한 가지 사례로, 2015년 농촌진흥청이 GMO로 만든 국산 벼와 고추에 더한 허가를 신청하려던 사실은 언론의 보도를 통해 알려지기 시작했어요. 이런 움직임이 없었다면 국산 GMO와 직접 관련된 농민과 소비자는 허가가 이뤄진 후에야 상황을 알아차릴 수 있었을 거예요.

국산 GMO가 허가 신청에 들어갔는지 여부를 알려 주는 정부의 공식적인 장치가 마련돼 있기는 해요. 국산이든 수입산이든 GMO를 사람이 먹어도 괜찮은지에 대한 심사를 주관하는 곳은 식품의약품안전처예요. 이 부처가 관리하는 식품안전정보포털(foodsafetykorea.or.kr)에 접속해 GMO 코너에 들어가면 현재 심사가 진행 중인 GMO의 종류를 알 수 있어요. 이미 승인이 완료돼 수입되고 있는 종류도 매달 공개되고 있고요.

그런데 과연 얼마나 많은 국민이 이 사이트의 존재를 알고 있을까요? 언론의 보도가 없다면, GMO와 관련된 정보를 알기 위해서는 국민이 이 사이트를 일일이 들어가 확인해야 해요.

하지만 정보에 대한 접근이 어려워도 현재까지 공개된 정보를 소비자 스스로 찾고 의견을 적극 제시할 필요가 있어요. 외국에서는 나름대로 새로운 형태로 의견을 열심히 제시하고 있어요. 2007년 설립된 이후 온라인에서 가장 영향력 있는 단체로 평가받는 아바즈(avaaz.org)의 활동이 대표적이에요. 아바즈에 따르면 현재 194개국에서 약 3억 명의 회원을 확보하고 있다고 해요.

2016년 초 아바즈는 GMO를 재배할 때 가장 널리 쓰이는 제초제 성분인 글리포세이트에 대한 활동 결과를 회원들에게 알렸어요. 2015년 국제암연구소는 글리포세이트가 높은 등급의 발암성 물질이라고 발표해 논란이 일었다고 했죠? 마침 유럽은 글리포세이트의 사용을 지속할 것인지 여부를 결정해야 할 시기가 다가오고 있었어요.

아바즈는 200만 명 이상의 회원들로부터 서명을 받은 청원서를 유럽 의회에 제출했어요. 청원의 내용은 글리포세이트가 사람 몸에 안전하다는 연구 결과가 나올 때까지 사용을 중단해 달라는, 지극히 상식적인 요구 사항이었어요. 마침내 2016년 6월 유럽 의회는 글리포세이트의 사용을 중단하겠다는 결정을 내렸고요. 어쩌면 유럽 시장에서 완전히 사라질 수도 있다고 해요. 이 과정에서 아바즈의 청원서가 중요한 영향력을 발휘했다고 알려졌어요.

GMO에 대한 일반인의 활동이 국가를 넘어 세계 수준으로 확대되는 분위기라는 것을 확인할 수 있겠지요? 이제 우리는 어떻게 해야 할까요?

몬산토 아웃! 지속 불가능 농업을 박멸하다

거대 생화학 기업 몬산토는 전 세계에서 영향력이 가장 큰 기업 중 하나입니다. 몬산토의 화학 농업 모델인 단일 재배(한 가지 품목만을 대단위로 재배하는 것)는 온 지구를 뒤덮고 있는데 이로 인해 생태계에 꼭 필요한 다양성이 파괴되고 있습니다. 하지만 아바즈는 캠페인을 통해 유럽에서 남미에 이르기까지 용감한 지역 리더들과 함께 몬산토 공장의 문을 닫고 살충제 생산을 멈췄습니다.

1,000,000명 목표

현재 1,200,000명이 서명하였습니다.

서명하기 ▶

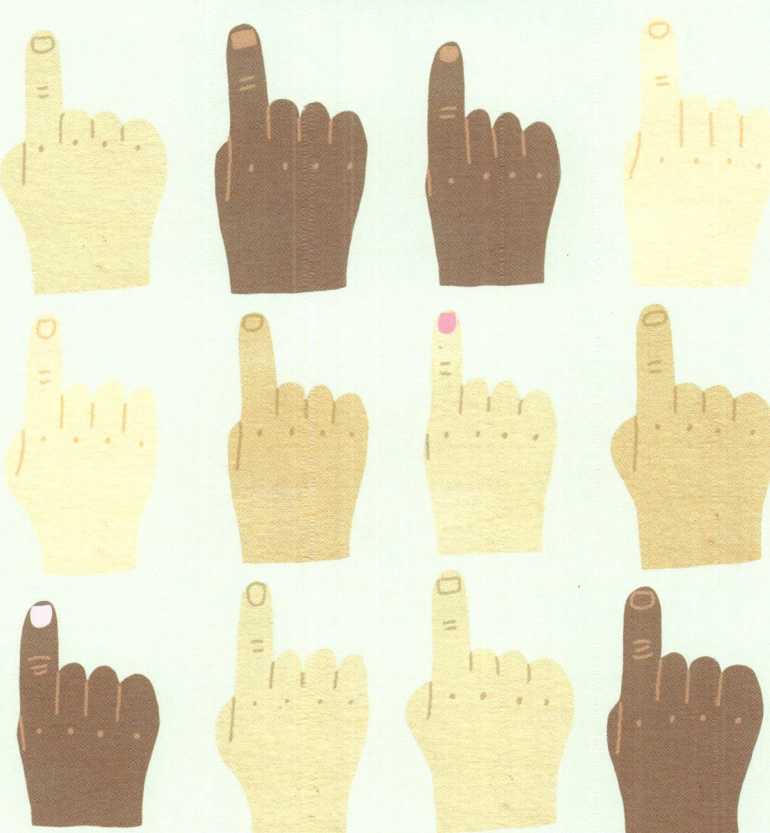

우리는 어떻게 해야 할까?

 **1** GMO는 숨어 있기 때문에 잘 보이지 않는다.
그래도 어쨌든 식품 표시를 꼼꼼하게 살피는 습관을 갖는다.

 **2** 우리나라에서 시험 재배 중인 GMO 농산물에 관심을 갖는다.

 GMO 안전성 검사에 대해 알아본다.

 식품의약품안전처를 적극 활용한다.

14일은 너무 짧아요! 길게, 길게, 기이~~일게!

그리고 우리의 권리를 당당하게 주장해야 해!

그러니까 늘 관심을 갖고 지켜 봐야겠어요.

함께 생각하기

GMO에 대해 늘 관심을 갖고, 우리의 권리를 당당하게 주장하는 방법은 무엇이 있을까? GMO에 대한 자신의 생각을 정리해 보고 글로 써 봐.

이제 우리에게 알려 주세요!

　이제 마지막으로 함께 곰곰이 생각해 볼 만한 이야기 한 가지를 소개할게요. GMO에 대한 반대 여론이 커지자 과학계에서는 일반인이 잘 모르기 때문에 반대하고 있다는 의견을 내놓기도 해요. 대표적으로 우리 주변에 옛날부터 이미 GMO가 많이 있어 왔고 지금 먹는 GMO는 그것보다 훨씬 안전하다는 주장이지요.

　고구마가 그 주인공이에요. 인류가 8천 년 전부터 섭취해 온 고구마가 알고 보니 '자연산' GMO였다는 거예요. 고구마의 유전자를 살펴보니 엉뚱한 유전자가 끼어들어 있었어요. 바로 흙 속에 사는 미생물(아그로박테리움)의 유전자였어요. 고구마와 미생물은 전혀 다른 종류의 생명체예요. 그렇다면 미생물이 고구마와 교배할 리가 없을 텐데 어떻게 이런 일이 벌어졌을까요?

고구마의 진화 과정에서 미생물의 유전자가 우연히 섞여 들어간 거예요. 그렇다면 GMO가 이미 자연에서 만들어져 왔으며, 현재 생명 과학으로 만드는 GMO는 인간이 관리를 할 수 있기 때문에 고구마 같은 '자연산' GMO에 비해 오히려 좋다고 하는 목소리도 있어요.

얼핏 생각하면 그럴듯하게 들리는 얘기죠? 우리가 현재 섭취하는 콩이나 옥수수 같은 GMO는 미생물의 유전자를 일부러 삽입해 만들어졌어요. 그런데 결과적으로 보니 자연에서도 유사한 일이 벌어져 왔다는 것이죠. 특히 이 미생물은 실제로 GMO를 만들 때 흔히 사용하는 미생물이거든요. 가령 콩에 제초제에 잘 견디거나 살충성이 있는 유전자를 삽입할 때 이 미생물이 배달부 역할을 하고요.

하지만 미생물의 유전자가 식물에서 발견된 것은 새삼스러운 일이 아니에요. 과학계에서는 이와 같은 현상이 이미 많이 보고돼 왔어요. 지구의 많은 생명체는 오랜 진화 과정을 거치는 동안 박테리아나 바이러스의 유전자가 일부 삽입된 채 현재에 이르고 있는 거죠. 식물은 물론 동물, 그리고 인간에서도 발견되는 현상이에요.

예를 들어 인간의 유전자에는 상당수의 바이러스 유전자의 흔적이 남아 있어요. 그렇다고 걱정하진 마세요. 오랫동안 진화해 온 결과 현대인의 몸 안에서 바이러스 유전자가 활동하지는 않거든요.

만약 고구마가 GMO라면, 우리 인간도 사실은 GMO인 셈이에요. 과연 그럴까요? 세계인이 우려하고 있는 GMO나 고구마나 우리 인간이나 모두 비슷한 GMO일까요? 여러분의 생각은 어떤가요?

세계 시민 수업 시리즈

국제앰네스티 한국지부 추천도서
한국출판문화산업진흥원 우수출판콘텐츠 선정도서
세종도서 교양부문 선정도서
환경부 우수환경도서 선정도서

세계 시민 수업 ❶
난민
왜 목숨 걸고 국경을 넘을까?

난민들이 목숨을 걸고 국경을 넘는 이유를 배우고, 난민들이 어떻게 살아가는지를 알아봅니다. 미래의 희망인 난민 아이들의 삶은 뭉클한 감동을 줍니다.

박진숙 글 | 소복이 그림 | 104쪽

세계 시민 수업 ❷
석유 에너지
전쟁을 일으키는 악마의 눈물

석유는 생활을 편리하게 해 주지만, 환경 오염과 전쟁을 일으키는 무서운 에너지이기도 합니다. 석유를 둘러싼 다양한 문제를 극복할 수 있는 지혜를 배웁니다.

이필렬 글 | 안은진 그림 | 120쪽

세계 시민 수업 ❸
식량 불평등
남아도는 식량, 굶주리는 사람들

전 세계에 식량이 충분한데 10억 명이 굶주림에 시달립니다. 힘센 나라와 거대 기업이 일으키는 문제를 배우고, 우리의 먹거리를 어떻게 지켜 나갈지 알아봅니다.

박병상 글 | 권문희 그림 | 104쪽

세계 시민 수업 ❹
아동 노동
세계화의 비극, 착취당하는 어린이들

전 세계 어린이 중 10퍼센트가 학교 대신 일터로 나가고 있는 충격적인 아동 노동 문제를 알리고, 아동 노동을 없애는 구체적인 방법을 소개합니다.

공윤희·윤예림 글 | 윤봉선 그림 | 132쪽

세계 시민 수업 ❺
환경 정의
환경 문제는 누구에게나 공평할까?

지구 온난화, 기후 변화, 생물종 멸종 등 지구에서 벌어지고 있는 환경 문제를 환경 정의의 눈으로 살피고, 지속 가능한 삶을 위한 대안을 알아봅니다.

장성익 글 | 이광익 그림 | 120쪽

세계 시민 수업 ❻
빈곤
풍요의 시대, 왜 여전히 가난할까?

전 세계가 함께 해결해야 할 빈곤. 아무리 열심히 일해도 가난에서 벗어나지 못하는 이들의 이야기를 살피고, 빈곤을 없애기 위해 해결해야 할 것이 무엇인지 알아봅니다.

윤예림 글 | 정문주 그림 | 136쪽

세계 시민 수업 ❼
혐오와 인권
혐오 표현이 왜 문제일까?

우리 사회에 만연한 '혐오 표현'을 통해 '혐오'가 무엇인지 살핍니다. 혐오로부터 시작되는 차별, 그로 인한 갈등과 폭력. 혐오가 일으키는 문제와 그 대안을 알아봅니다.

장덕현 글 | 윤미숙 그림 | 120쪽

세계 시민 수업 ❽
평화
평화를 빼앗긴 사람들

우리나라 1호 평화학 박사인 정주진 작가는 평화를 빼앗긴 사람들의 삶에 초점을 맞춰 평화가 무엇인지, 평화를 방해하는 것이 무엇인지 알려 줍니다.

정주진 글 | 이종미 그림 | 136쪽

세계 시민 수업 ❾
다문화 사회
다양성을 존중하는 우리

한민족과 다문화 사회에 대한 우리 안의 편견을 알아봅니다. 다양한 문화를 존중하는 사회가 모두가 살기 좋은 사회라는 것을 깨달을 것입니다.

윤예림 글 | 김선배 그림 | 128쪽

세계 시민 수업 ❿
세계 시민
참여와 실천으로 세상을 바꾸다

세계화의 양면을 알려 주며, 모두를 위험할 수 있는 세계화의 그늘 속에서 우리가 어떤 선택을 하고 어떤 가치관을 품어야 할지 이야기합니다.

장석익 글 | 오승민 그림 | 132쪽